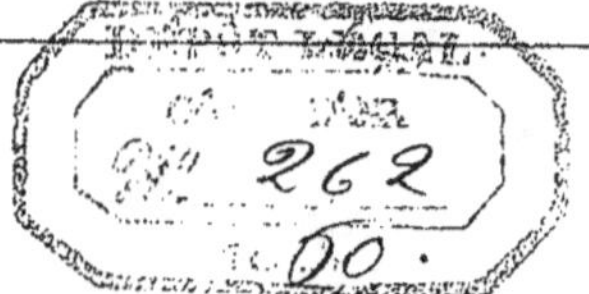

RELATION DES FÊTES

DONNÉES PAR LA VILLE DE DIJON

LES 23 ET 24 AOUT 1860

pour la Réception de LL. MM.

L'EMPEREUR ET L'IMPÉRATRICE

avec les Discours prononcés à cette occasion.

DIJON

CHEZ J.-E. RABUTOT, IMPRIMEUR-ÉDITEUR

Place Saint-Jean, 1 et 3.

ET CHEZ LES LIBRAIRES DE DIJON

1860

RELATION DES FÊTES

LES 23 ET 24 AOUT 1860

POUR LA

RÉCEPTION DE LL. MM. L'EMPEREUR ET L'IMPÉRATRICE

avec Proclamations, Instructions, Discours, etc., etc.

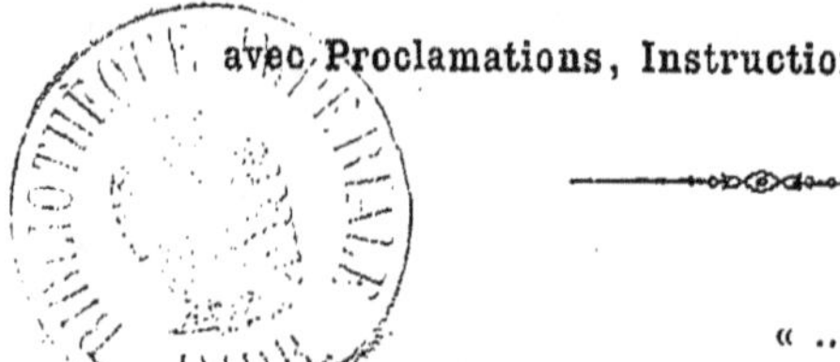

————————

> « ..... Je voyage pour étudier et vivifier
> « les grands intérêts du pays. »
>
> « NAPOLÉON III. »

Dès que l'annexion de la Savoie et de Nice à l'Empire fut un fait consommé, on regarda comme certain, dans les hautes sphères politiques, que l'Empereur, et probablement l'Impératrice visiteraient sous peu ces nouvelles provinces françaises.

La Bourgogne conçut dès lors l'espérance que LL. MM. II. s'arrêteraient dans leur voyage pour recevoir les hommages et les vœux de ces populations si patriotiques et si dévouées à la grande cause impériale.

Cette attente ne devait pas être trompée.

Dès le milieu du mois de juillet, on fut à peu près assuré que l'Empereur, accompagné de l'Impératrice, accorderait à la ville de Dijon l'honneur insigne de fixer sur elle, pendant un séjour de vingt-quatre heures, l'attention du monde entier. C'est qu'en effet Napoléon a donné aux voyages du chef de l'Etat une physionomie, un caractère qui n'existaient point avant lui. Jadis c'était une promenade cérémonieuse, des fêtes, une pompe magnifique offerts à une cour nombreuse, dont l'éclat semblait absorber toutes les forces vives de la fortune publique. Un instant, les imaginations s'exaltaient à la grandeur du spectacle; puis, quand le cortège royal avait passé, l'enthousiasme tombait, et les populations étonnées se demandaient quel but utile avait été cherché, quel soulagement avait été donné à leurs souffrances et à leurs misères. Aujourd'hui les voyages, c'est la mise en rapport direct du souverain avec son peuple ; c'est la révélation de la pensée impériale sur les affaires extérieures et intérieures ; c'est la lumière qui resplendit et éclaire toutes les intelligences ; c'est la promenade du père de famille, allant plein de sollicitude s'enquérir des besoins, des aspirations de ses enfants, écoutant leurs vœux, les étudiant et les adoptant dans sa sagesse ; c'est une source inépuisable de bienfaits ; c'est une manifestation éloquente adressée, avec la loyauté et la fermeté la plus entière, à la France, à l'univers palpitants d'espérance et d'attention.

Ce ne fut que le 11 août que l'on connut officiellement, par la proclamation suivante, l'époque précise de l'auguste visite de LL. MM. II.

HABITANTS DE LA CÔTE-D'OR !

Je vous annonce avec bonheur que LL. MM. l'Empereur et l'Impératrice, dans l'itinéraire du voyage qu'elles vont entreprendre pour visiter les provinces nouvellement annexées à la France, ont daigné réserver un jour à l'ancienne capitale de la Bourgogne.

Elles arriveront le 23 août, à 3 heures 55 minutes du soir, à Dijon, où elles feront une entrée solennelle. Elles en repartiront le 24, à une heure après midi.

Dans un département dont le dévouement patriotique à l'empire et à la glorieuse dynastie napoléonienne a mérité à ses habitants l'honneur d'un souvenir dans le testament immortel de l'Empereur Napoléon Ier, tous les cœurs tressailleront de joie à la nouvelle de l'arrivée de LL. MM.

Chacun voudra voir et acclamer le souverain magnanime qui a rendu à la France, avec la force et la prospérité, le rang qu'elle occupe aujourd'hui dans les conseils de l'Europe, et l'auguste mère du Prince impérial, aimée de tous pour ses vertus et ses bienfaits !

Interprète des sentiments de fidélité et de respect d'une population qui a donné 100,000 suffrages pour le rétablissement de l'Empire, je la convie tout entière à venir à Dijon jouir de la présence de ses souverains aimés, qui seront heureux, eux-mêmes, de la voir.

MM. les Maires des communes voudront bien, de concert avec le Conseil municipal, organiser les députations qui se rendront au chef-lieu du département pour assister à l'entrée de LL. MM. et aux fêtes données à cette occasion.

Ces députations devront être munies d'un drapeau ou *fanion*, aux couleurs nationales, indiquant le nom de la commune, et MM. les Maires qui les présideront seront revêtus de leur écharpe.

Un emplacement sera réservé à chaque députation sur le parcours du cortège impérial, après le passage duquel MM. les Maires se rendront à la Préfecture pour être présentés à LL. MM., à 5 heures du soir.

Des cartes spéciales leur seront délivrées à cet effet dans le courant de la journée.

Habitants de la Côte-d'Or ! je compte sur vous, comme vous pouvez compter sur moi, pour recevoir dignement nos augustes souverains dans cette circonstance mémorable.

Vous unirez vos voix à la mienne pour crier :

Vive l'Empereur ! Vive l'Impératrice !
Vive le Prince impérial !

Fait à l'hôtel de la Préfecture, à Dijon, le 11 août 1860.

Le Préfet de la Côte-d'Or,

Baron DE BRY.

Dès lors la Bourgogne s'agita comme un essaim laborieux en son fertile rucher. Jusque dans ses extrêmes limites, le désir de venir acclamer l'Elu du peuple s'empara des esprits, et fit bientôt irruption dans les départements voisins. La ville de Dijon commença avec activité les préparatifs d'une réception digne de son antique renommée, digne de sa splendeur, de sa prospérité présentes. Elle voulut prouver une fois de plus que l'on s'honore en honorant qui mérite de l'être. — Elle n'a point failli à la noble tâche que dans son dévouement elle s'était imposée.

Le 14 août, on publia un arrêté de M. le maire :

Nous, MAIRE DE LA VILLE DE DIJON,

Vu la circulaire de M. le Préfet de la Côte-d'Or, en date du 8 du courant, relative à la célébration de la fête de S. M. l'Empereur,

ARRÊTONS :

La fête du 15 août sera célébrée cette année avec celle du 23 août, jour de l'arrivée à Dijon de Leurs Majestés l'Empereur et l'Impératrice.

Il sera seulement, à l'occasion de cette fête, fait dans la matinée du 15 une distribution de secours aux indigents, par les soins du bureau de bienfaisance, et chanté, à midi, à l'église cathédrale, un *Te Deum* solennel, auquel assisteront toutes les autorités civiles et militaires.

Hôtel de ville, 14 août 1860.

Le Maire, TH. VERNIER.

Les jours suivants, la mairie adressa 3,500 cartes d'invitation ainsi conçues :

Le Maire de Dijon prie M.　　　　　　　　　 de vouloir bien assister au bal offert par la ville à LL. MM. l'Empereur et l'Impératrice, le jeudi 23 août prochain, dans les salons de l'Hôtel-de-Ville.

(L'invitation est personnelle et devra être présentée à l'entrée.)

Passage de LL. MM. II. à Dijon.

23 AOUT 1860.

Carte d'entrée individuelle pour les membres des corps constitués.

M.

(Cette carte sera conservée par le titulaire.)

Et l'on placarda les instructions et proclamations que nous prenons soin de transcrire littéralement :

Avis.

Par un sentiment de haute convenance que les Habitants de la Côte-d'Or apprécieront, et aussi pour éviter des accidents, ni bouquets, ni pétitions ne devront être jetés dans les voitures Impériales pendant le séjour de LL. MM. à Dijon, non plus que remis directement à l'Empereur et à l'Impératrice dans leur parcours de la ville.

Toutes les pétitions destinées à LL. MM. seront reçues à l'hôtel de la Préfecture par un Secrétaire de l'Empereur, spécialement chargé d'en rendre immédiatement compte à LL. MM. II.

Durant leur séjour à Dijon, un bureau spécial sera ouvert à cet effet à la Préfecture.

Les personnes qui auraient à faire le dépôt d'une supplique y seront admises, en se présentant à la porte affectée au service des bureaux, rue de la Préfecture, nº 53.

MM. les Maires sont priés de donner la plus grande publicité au présent avis.

Dijon, le 16 août 1860.

Le Préfet de la Côte-d'Or,

Baron DE BRY.

Arrivée à Dijon de LL. MM. l'Empereur et l'Impératrice.

Leurs Majestés arriveront à la gare du chemin de fer jeudi 23 août, à 3 heures 55 m. de l'après-midi.

Leur arrivée sera annoncée par le son des cloches de toutes les paroisses de la ville.

Leurs Majestés seront reçues à la gare par les autorités religieuses, civiles et militaires, les députés du département, le Conseil général.

Le maire de Dijon, assisté de ses adjoints et de MM. les membres du Conseil municipal, présentera à l'Empereur les clefs de la ville.

Leurs Majestés quitteront la gare pour se rendre à la cathédrale, où Elles seront reçues par Mgr l'évêque à la tête de son clergé.

Elles suivront la rue de la Gare, la place Darcy, le prolongement de la rue Devosge et la rue en face Saint-Bénigne.

A leur sortie de la cathédrale, Leurs Majestés se rendront à la préfecture par la place Darcy, la porte et la rue Guillaume, la rue Condé, la place d'Armes, la rue Rameau, la place de l'Aile orientale, la place des Ducs, la partie supérieure de la rue des Forges, la place Notre-Dame et la rue de la Préfecture.

La haie sera formée par les sapeurs-pompiers, les députations des communes rurales, les troupes de la garnison.

Les médaillés de Sainte-Hélène et les élèves du lycée seront rangés aux abords de la préfecture, ainsi que les élèves des écoles primaires, sous la conduite de leurs maîtres.

A l'arrivée à la préfecture, les dames seront présentées à Sa Majesté l'Impératrice, et les corps constitués seront reçus par Sa Majesté l'Empereur.

MM. les maires des communes rurales attendront l'arrivée de Leurs Majestés dans la cour de la préfecture.

Programme de la fête.

Dès le matin, tous les édifices publics et toutes les rues du parcours seront pavoisés aux couleurs nationales.

Des secours en nature seront distribués aux indigents par les soins du bureau de bienfaisance.

Le soir, la préfecture, l'hôtel de ville, la place d'Armes, la façade de Notre-Dame, l'arc de triomphe de la place Darcy, la place du Jet-d'Eau, l'avenue du Parc et tous les monuments publics seront illuminés.

A 7 heures, une représentation gratuite sera donnée au théâtre.

A 8 heures, des danses publiques auront lieu sur la place du Jet-d'Eau, à la porte Saint-Pierre.

A 8 heures et demie, un grand feu d'artifice sera tiré au rond-point du cours du Parc.

A 10 heures, Leurs Majestés se rendront au bal qui leur a été offert par la ville dans les salons de l'ancien palais des Etats.

Mesures d'ordre.

A partir de 2 heures, la circulation des voitures sera interdite dans les rues qui seront suivies par le cortége impérial et dans les rues aboutissantes, jusqu'après le passage de Leurs Majestés.

L'entrée de la gare est défendue à toute autre personne qu'à celles qui sont appelées à recevoir Leurs Majestés.

Il est défendu de jeter des bouquets et des fleurs sur la voie, ou dans les voitures, au moment du passage de Leurs Majestés.

Aucune pétition ne devra être présentée directement à Leurs Majestés, ces pétitions pouvant être remises au bureau spécial établi pour le secrétaire de Leurs Majestés.

Les voitures qui conduiront à la gare les corps constitués devront revenir par les rues dont le parcours n'est pas interdit.

La circulation des voitures demeure interdite à partir de 6 heures du soir jusqu'à minuit, depuis la place Saint-Etienne, dans la rue Chabot-Charny, le pourtour de la place du Jet-d'Eau et l'avenue du Parc.

Il est défendu de monter sur les arbres des promenades, sur les candélabres destinés à l'éclairage, et tous appareils de décoration.

Les personnes invitées au bal, et qui s'y rendront à pied, entreront, à partir de 8 heures, par l'escalier de la salle de Flore, celui de la Mairie et celui du Musée.

Après 9 heures, l'entrée par l'escalier de la salle de Flore leur sera interdite.

Celles qui s'y rendront en voiture arriveront à partir de 8 heures :

Par la place des Ducs, et descendront à la porte qui donne accès à l'escalier de la Mairie.

(Les voitures se dirigeant vers la place des Ducs arriveront par la rue de La Monnoye et la rue Longepierre, et se retireront par la rue Jeannin) ;

Par la cour d'honneur de la Mairie, et descendront au pied de l'escalier du Musée.

(Les voitures arriveront par la rue Condé, passeront par la grille du palais, et sortiront par la porte de la rue Rameau) ;

Et jusqu'à 9 heures seulement, par l'escalier de la salle de Flore.

(Les voitures arriveront par la rue Condé, et sortiront par la rue des Forges).

Les voitures devront suivre la file, et il est interdit aux conducteurs de la dépasser, pour quelque motif que ce soit.

A la sortie du bal, les mêmes dispositions seront observées.

Hôtel de ville, 17 août 1860.

HABITANTS DE DIJON !

LL. MM. l'Empereur et l'Impératrice, en allant visiter les nouvelles provinces de l'Empire, doivent prochainement s'arrêter au milieu de nous. Ce séjour, malgré sa trop courte durée dans la capitale de notre Bourgogne, est un évènement dont la grandeur et l'importance n'échapperont à personne ; l'Empereur l'a dit lui-même en Bretagne : il voyage pour étudier et vivifier les grands intérêts du pays.

Il faut remonter à deux siècles dans l'histoire de notre ville pour rencontrer le souvenir d'une aussi auguste visite. Depuis cette époque, Dijon, sans perdre l'éclat de ses anciennes institutions, en a conquis de nouvelles ; et le génie commercial et industriel uni désormais au génie des sciences, arts et belles-lettres, qui a fait notre renommée dans le passé, donne à l'ancien séjour de nos ducs une place privilégiée parmi les grandes villes de l'Empire.

Nous avons lieu d'être fiers de ce que nous avons été et de ce que nous sommes devenus ; mais il ne faut pas que notre juste orgueil nous fasse oublier la reconnaissance que nous devons au gouvernement de l'Empereur.

Laissons donc tout son élan à notre gratitude au moment où nous allons recevoir les souverains, à qui elle doit remonter. Saluons de nos acclamations leur passage ; pavoisons nos maisons ; montrons que nous n'avons point oublié la splendide hospitalité de l'ancienne Bourgogne, car partout où paraissent l'Empereur et l'Impératrice, *la gloire et le bonheur de la France les précèdent, et la reconnaissance des populations les suit.*

Vive l'Empereur ! Vive l'Impératrice !

Vive le Prince impérial !

Hôtel de ville, 18 août 1860.   *Le Maire,* Th. VERNIER.

Mairie de Dijon.

NOUS, MAIRE DE LA VILLE DE DIJON,

Vu notre arrêté du 17 du courant, portant que la circulation des voitures demeure interdite, le 23 août, à partir de six heures du soir jusqu'à minuit, depuis la place

Saint-Etienne, dans la rue Chabot-Charny, le pourtour de la place du Jet-d'Eau et l'avenue du Parc;

ARRÊTONS :

Sont exceptées de cette disposition les voitures qui conduiront les personnes invitées au bal offert par la ville à LL. MM. II.

Hôtel de ville, le 21 août 1860.

Le Maire, Th. VERNIER.

Direction des Postes de Dijon.

Le bureau sera fermé le 23 août à deux heures de l'après-midi. La dernière levée des boîtes pour les courriers partant la nuit aura lieu à sept heures trente minutes du soir.

Dijon, 21 août 1860.

Règlement du bal offert par la ville de Dijon à LL. MM. l'Empereur et l'Impératrice, le 23 août 1860.

ARTICLE 1er.

M. le Maire aura la haute police et la surveillance générale.

ART. 2.

MM. les Commissaires devront être réunis à la Mairie (salon du Maire) à sept heures du soir.

ART. 3.

Les portes seront ouvertes au public à huit heures précises; avant cette heure, personne, à moins d'être Commissaire ou chargé d'un service quelconque, ne pourra être admis dans les salles du bal.

ART. 4.

De 8 heures à 11 heures, deux Commissaires se tiendront au-dessus de l'escalier de la Mairie pour recevoir les cartes.

Ce service sera fait, savoir :

De 8 à 9, par MM. Garnier, Roussin;
  9 à 10, par MM. Brette, Renier-Trélanne;
10 à 11, par MM. Léon Moyne, de Bast.

De 8 à 11 heures, deux Commissaires se tiendront au-dessus de l'escalier du Musée pour recevoir les cartes.

Ce service sera fait, savoir :

De 8 à 9, par MM. Pichot, de Lacuisine fils;
  9 à 10, par MM. Rouget, Lombart;
10 à 11, par MM. Joseph Bonnet, Malteste.

De 8 à 9 heures, deux Commissaires se tiendront au-dessus de l'escalier de la salle de Flore pour recevoir les cartes.

Ce service sera fait par MM. Échalié, de Bry d'Arcy.

MM. les Commissaires de service aux portes devront refuser l'entrée à toute personne qui ne serait pas mise convenablement.

Ils examineront attentivement les billets, et les conserveront. Il ne sera pas délivré de sortie.

Tous les billets doivent porter le timbre *Mairie de Dijon.*

Art. 5.

MM. les Commissaires qui ne seront pas de service sur d'autres points devront, à partir de l'ouverture des portes jusqu'à onze heures, se tenir en nombre suffisant à chaque entrée pour introduire et placer les dames.

Art. 6.

Afin d'éviter l'encombrement de la *Salle des Etats*, deux Commissaires seront de service dans cette salle pour faire placer les dames : MM. Morin et de Sérésin.

Art. 7.

MM. Suisse et Scheffer auront sous leurs ordres toutes les personnes chargées de la décoration des salles.

Art. 8.

MM. Boissard et Carnot auront la surveillance de l'orchestre.

Art. 9.

M. le commandant du poste militaire est chargé, avec M. Moyne (Numa) et M. Zeller, du placement des sentinelles et des consignes à donner.

Art. 10.

MM. les officiers de pompiers en tenue auront leur entrée au bal sans cartes.

SERVICE DES PONTS.

Côté de la Mairie :

De 8 à 10 heures, MM. Boissard, Piet, Chabeuf fils, Marlet.

Côté de la salle de Flore :

De 8 à 10 heures, MM. Cugnotet, Jules Bonnet, de Saint-Loup, Charbonneau.

Arrêté à la réunion du mardi 21 août 1860.

Le *Maire*, TH. VERNIER.

Avis important.

LE MAIRE DE DIJON

A l'honneur d'informer les Habitants de cette ville que les bureaux de la Mairie seront fermés demain et après-demain, et que les salles de l'Hôtel de ville, où le bal offert à LEURS MAJESTÉS aura eu lieu, seront ouvertes au Public, Vendredi prochain, depuis huit heures du matin jusqu'à six heures du soir.

Hôtel de ville, le 22 août 1860. *Le Maire,* TH. VERNIER.

La préfecture adressa de son côté les invitations et les instructions qui suivent :

PRÉFECTURE
DE
la Côte-d'Or.

—

Cabinet du Préfet.

—

VOYAGE
de
LL. MM. II.

—

PRÉSENTATION
A DIJON
le 23 août.

MADAME,

J'ai l'honneur de vous informer que vingt jeunes personnes se réuniront à l'hôtel de la préfecture, le 23 août, à quatre heures du soir, pour offrir des fleurs à S. M. l'Impératrice au moment de son arrivée.

Je vous prie de vouloir bien permettre que Mademoiselle votre fille soit présentée à cette occasion par Mme la baronne de Bry à S. M. l'Impératrice.

Si, comme je l'espère, vous accueillez ma demande, je désirerais qu'il vous fût possible, ainsi qu'à Mademoiselle   , de vous rendre à la préfecture, le   , à deux heures de l'après-midi, pour arrêter, de concert avec Mme de Bry, toutes les dispositions relatives à cette manifestation de respect et de dévouement.

Agréez, Madame, l'assurance de ma considération très distinguée.

Le Préfet de la Côte-d'Or,
Baron DE BRY.

PRÉFECTURE
DE
la Côte-d'Or.

—

Cabinet du préfet.

—

PASSAGE
de
LL. MM. II.
A DIJON.

—

MÉDAILLÉS
de Sainte-Hélène.

—

Convocation
pour le 23 août.

MONSIEUR,

Le Programme arrêté pour la réception de LL. MM. l'Empereur et l'Impératrice à Dijon, le 23 août, dispose que les médaillés de Sainte-Hélène seront rangés aux abords de l'Hôtel de la Préfecture.

Pour répondre au désir exprimé par l'Empereur de trouver réunis sur son passage les serviteurs du premier Empire, je vous prie, Monsieur, de vous rendre à Dijon le 23 août, et de vous présenter, à 3 heures après-midi, à la Préfecture, décoré de votre médaille.

Des mesures seront prises pour vous faire assigner, sur production de la présente lettre, la place que vous devrez occuper dans la réception solennelle de LL. MM.

Votre dévouement me permet de compter sur votre présence.

Recevez, Monsieur, l'assurance de ma considération la plus distinguée.

Le Préfet de la Côte-d'Or,
Baron DE BRY.

PRÉFECTURE
DE
la Côte-d'Or.
—
Gabinet du Préfet.

MONSIEUR ,

Par ordre de l'Empereur, j'ai l'honneur de vous informer que vous êtes invité à dîner à la préfecture, le 23 août, à sept heures et demie.

Agréez, Monsieur, l'assurance de ma haute considération.

Le Préfet de la Côte-d'Or,

Baron DE BRY.

PRÉFECTURE
DE
la Côte-d'Or.
—
Cabinet du Préfet.

VOYAGE
de
LL. MM. II.
—
PRÉSENTATION
A DIJON
le 23 août.

MADAME,

J'ai l'honneur de vous informer que le programme des dispositions approuvées par l'Empereur pour la visite que LL. MM. II. daignent faire à la ville de Dijon le 23 août, indique la présentation des dames à S. M. l'Impératrice, à l'arrivée à la préfecture.

Cette présentation aura lieu à quatre heures et demie. Je vous prie, Madame, de vouloir bien me faire connaître promptement s'il vous sera possible de profiter de la faveur qui vous est accordée par S. M. l'Impératrice de lui être présentée.

Agréez, Madame, l'assurance de ma respectueuse considération.

Le Préfet de la Côte-d'Or,

Baron DE BRY.

Les Dignitaires, les Autorités, les Corps constitués et les Fonctionnaires ci-après désignés seront présentés à LL. MM., à l'hôtel de la Préfecture, dans l'ordre suivant, à 5 heures du soir :

1. S. Exc. le Maréchal commandant le 3e corps d'armée, et son état-major ; MM.
2. Le général commandant la 7e division militaire , et son état-major ;
3. Le général Carrelet, sénateur ;
4. Le premier Président, le Procureur général, les Présidents de Chambre, les Conseillers et les Membres du Parquet de la Cour impériale de Dijon ;
5. Le général commandant le département, et son état-major ;
6. Monseigneur l'Evêque de Dijon, MM. les Vicaires généraux, les Membres du Chapitre diocésain et les Curés des paroisses de la ville ;
7. Les Députés du département ;
8. Les Président, Vice-Président, Procureur impérial, Juges et Membres du Parquet du Tribunal civil de Dijon ;
9. Les Membres du Conseil de Préfecture et MM. les Sous-Préfets des arrondissements ;
10. Les Maire, Adjoints et Membres du Conseil municipal de Dijon ;
11. Les Recteur, Inspecteur et fonctionnaires de l'Académie, les Membres du Conseil académique, les Professeurs des Facultés, etc.;

12. Les Président, Vice-Présidents, Secrétaire et Membres du Conseil général
     du département;
13. Les Président et Membres de la Chambre de commerce du département;
14. Les Président et Juges du Tribunal de commerce;
15. Les Président et Membres du Conseil d'arrondissement de Dijon;
16. Les Juges de paix des cantons de Dijon;
17. Les Maires des communes de l'arrondissement de Dijon, à la tête desquels se
     placera M. le Secrétaire général;
18. Les Maires des communes de l'arrondissement :
                De Beaune, M. le Sous-Préfet en tête,
                De Châtillon,   id.
                De Semur,   id.
19. Le Sous-Intendant militaire, les Officiers d'administration et les Officiers de
     l'état-major de la place;
20. Le Colonel et les Officiers de gendarmerie;
21. Les Officiers du 44e de ligne;
22. Les Officiers du 3e régiment de lanciers;
23. Les Membres de la Légion-d'Honneur;
24. Le Pasteur-Président de l'Eglise réformée, à Dijon;
25. Le Rabbin du culte Israélite, à Dijon;
26. Le Receveur général des finances et les Receveurs particuliers des ar-
     rondissements;
27. Le Payeur du Trésor impérial à Dijon;
28. Le Directeur et les Fonctionnaires de l'administration de l'Enregistrement et
     des Domaines;
29. Le Directeur et les Fonctionnaires de l'administration des Contributions di-
     rectes;
30. Le Directeur et les Fonctionnaires de l'administration des Contributions indi-
     rectes;
31. Le Conservateur et les Fonctionnaires de l'administration des Forêts;
32. L'Ingénieur en chef et les Ingénieurs ordinaires des Ponts et Chaussées du
     département;
33. L'Ingénieur en chef et les Ingénieurs ordinaires du Canal de Bourgogne;
34. L'Ingénieur en chef et les Ingénieurs ordinaires du chemin de fer;
35. L'Ingénieur en chef et les Ingénieurs ordinaires de la navigation de la Saône;
36. L'Ingénieur ordinaire des mines;
37. Les Directeur divisionnaire, Directeur de station, Inspecteurs et Fonction-
     naires de la télégraphie;
38. Les Inspecteur, Directeur et Fonctionnaires de l'administration des postes;
39. Le Commissaire central et les Commissaires de police;
40. Les Commissaires de surveillance administrative du chemin de fer;
41. L'Agent-Voyer en chef et les Agents-Voyers sous ses ordres;
42. Les Officiers de la Compagnie des Sapeurs-Pompiers;
43. Le Directeur, les Fonctionnaires et les Membres de la Commission de surveil-
     lance de l'asile d'aliénés de Dijon;
44. Le Président et les Membres de la Commission administrative des hospices de
     Dijon et l'inspecteur départemental du service des enfants assistés;
45. Le Directeur et les Membres du Conseil de surveillance de la colonie agricole
     pénitentiaire de Cîteaux;

46. Le Directeur et les Membres de la Commission de surveillance des prisons de Dijon ;
47. L'Architecte du département et les Membres de la Commission des bâtiments civils ;
48. Le Président et les Membres de l'Académie des sciences, arts et belles lettres de Dijon ;
49. Le Président et les Membres de la Société départementale d'antiquités ;
50. Le Président et les Membres du Comité central d'agriculture du département ;
51. Le Président et les Membres du Conseil d'hygiène et de salubrité du département ;
52. Les Membres de la Commission des Etalons départementaux, le Médecin-Vétérinaire et l'Inspecteur des Etalons ;
53. Le Directeur et les Professeurs de l'Ecole impériale des beaux-arts de Dijon ; le Conservateur du Musée ;
54. Le Directeur et les Professeurs de l'Ecole secondaire de Médecine et Pharmacie de Dijon ;
55. Le Professeur du Cours départemental d'accouchements ;
56. Le Directeur du jardin botanique, et le Conservateur du muséum d'histoire naturelle ;
57. Le Directeur du service de la Vaccine, et les Vaccinateurs ;
58. Le Vérificateur des poids et mesures, et son adjoint ;
59. Les employés de la préfecture, le Conservateur des Archives et l'Inspecteur des Archives communales et hospitalières ;
60. Le Directeur du Mont-de-Piété et les Membres de la Commission de surveillance ;
61. Le Bâtonnier et les Membres du Conseil de discipline de l'ordre des Avocats ;
62. Le Président et les Membres de la Chambre des Notaires ;
63. id. id. de la Chambre des Avoués près la Cour impériale ;
64. id. id. de la Chambre des avoués près le tribunal de première instance.

Dès les 21 et 22, un nombre considérable d'étrangers arrivait dans nos murs. Les hôteliers ne pouvaient satisfaire aux demandes qui leur étaient adressées, et pas une famille peut-être ne recevait des parents, des amis, des connaissances. La population tout à coup triplait pour le moins, et l'hospitalité s'exerçait sur les bases les plus cordiales.

Combien de liens de famille et d'amitié furent resserrés dans cette atmosphère de fête que l'on aspirait avec enthousiasme !

La gare du chemin de fer, d'où coulaient des flots de voyageurs, était splendidement décorée aux couleurs nationales. Le salon où devaient être reçues LL. MM. II. avait été établi dans la vaste salle d'attente des 2e et 3e classes, tendue de velours vert à crépines d'or. Sur deux magnifiques piédestaux étaient les bustes de l'Empereur et de l'Impératrice. Une marquise, formée également de tentures de velours vert, encadrée dans des massifs de fleurs du plus riche effet, donnait issue dans la cour de la gare. A peu de distance de la grille s'élevait un arc de triomphe, fruit d'une souscription à 25 c. ouverte parmi les ouvriers de la ville, et portant à ses frontons cette inscription en lettres d'or :

LES OUVRIERS DE DIJON

A l'Empereur et à l'Impératrice.

Plus loin, et à la hauteur du réservoir Darcy, les négociants avaient fait construire un arc de triomphe monumental, dessiné par MM. Suisse, architecte du département, Scheffer, architecte de la ville, et peint par M. Frochot.

Le style sévère, grandiose, plein de goût et de distinction, et les peintures de cette œuvre d'art excitaient la surprise et l'admiration générale. Aux frontons, on lisait :

LE COMMERCE DE DIJON

A LL. MM. Impériales.

Sur les emplacements vides bordant la promenade du Roi de Rome, et aux abords de la cathédrale, on avait élevé de nombreux amphithéâtres couverts de sièges, dont le prix pour chaque place variait jusqu'à 6 fr.; tous, sans exception, allaient être occupés. La façade et le portail de St-Bénigne étaient décorés de tentures rouges et d'oriflammes lamées d'or. Une immense banderole aux trois couleurs, de vingt mètres de long, flottait au sommet de la flèche. L'intérieur de l'église, où LL. MM. voulaient tout d'abord se présenter, était sévèrement, mais richement décoré.

800 mètres cubes de sable avaient été répandus sur tout le parcours du cortège impérial; et, à peu de distance les uns des autres, s'élevait une forêt de mâts vénitiens supportant des écussons à diverses devises, et des drapeaux tricolores; ces mâts, au nombre de 730, étaient reliés entre eux par 4280 mètres de vertes guirlandes de buis.

L'aspect ordinairement si grandiose de notre belle porte Guillaume est encore rehaussé par des festons de fleurs et d'arbustes qui se mêlent aux couleurs nationales.

Sur la place d'Armes, au milieu d'une corbeille de gazon et de fleurs, dont le pourtour est tricolore, on a posé une statue colossale de Buffon ; c'est le modèle de celle de Montbard, due au ciseau de M. Dumont, de l'Institut.

Au milieu de la place du Théâtre on élève un arc de triomphe qui, comme les précédents, a trois portiques, un grand et deux petits. Celui-ci, c'est : LA BOURGOGNE *à LL. MM. II.* Aussi, les treillages verts à claire-voie et les ceps de vigne doivent-ils seuls en faire l'ornementation et l'intérêt ; l'effet est pittoresque et coquet. Il est svelte et riche dans sa simplicité. Il porte avec orgueil ces fruits qui ont toujours été pour notre département une source opulente de prospérités ; fruits où se trempe l'esprit pétillant des Bourguignons ! fruits divins chantés par les poètes et que l'univers adore !!

Les ceps de vigne courent de mâts en mâts sur les côtés de cette place, et couronnent les guirlandes de fleurs.

Le mauvais effet produit par l'étranglement qui existe à l'arrivée de la place Notre-Dame, du côté de la rue des Forges, a été heureusement dissimulé au moyen d'une grande décoration due à la brosse habile de M. Léon Leniept. Elle représente une entrée de ville d'un aspect majestueux et forme une voûte longue de plus de dix mètres.

La façade monumentale de l'hôtel de la Préfecture, entièrement restaurée, porte à son fronton ces mots : PALAIS IMPÉRIAL.

La foule ne cesse de parcourir tous ces points, sur lesquels une armée d'ouvriers est disséminée. Loin d'être troublés par cette multitude, ils trouvent dans les approbations unanimes et les exclamations d'étonnement qu'elle fait entendre, une première et bien douce récompense de leur intelligent concours.

Une seule préoccupation trouble la satisfaction générale : le mauvais temps, la pluie, les vents continueront-ils, et viendront-ils troubler une fête qui se prépare si belle et à laquelle il ne manquerait que les rayons du soleil !

Que l'on ne s'inquiète point, disent les médaillés de Sainte-Hélène, le soleil d'Austerlitz aime toujours à éclairer les grands actes des Napoléon..... Quand l'Empereur sortira de son palais, le soleil sortira des nuages !

Et de fait, la pluie, qui tombait encore pendant la nuit du 22, cessa au point du jour, et, le 23, le soleil levant éclaira ceux qui, dès l'aube, encombraient déjà les rues pavoisées de la fidèle cité.

Quelle animation ! Quelle vie ! Quel air de fête !! Le commerce reçoit de nombreuses visites ; on déserte les ateliers. Les populations des campagnes accourent en ville dans leurs plus beaux atours ; d'innombrables compagnies de sapeurs-pompiers arrivent avec leur Maire, les Conseillers municipaux et leur Curé. On n'entend que tambours, musiques d'harmonie, fanfares et fifres. On se court après, on se rencontre, on se serre les mains, on s'embrasse. On ne peut suffire aux questions que l'on s'adresse, aux soins que l'on se prodigue ; il y a, Dieu merci, pour chacun, des préoccupations suffisantes pour atteindre, sans s'en apercevoir, l'heure de l'arrivée du train Impérial ; et cependant l'on s'impatiente de la marche trop lente du temps.

Tout à coup le son des cloches retentit. Elles sonnent à toute volée. — Le canon tonne aux abords de la porte Saint-Pierre. — La foule frémit palpitante dans toutes les artères de la vieille capitale de la Bourgogne. — Il est 3 heures 55 minutes. — LL. MM. II. viennent d'arriver à la gare. — Un immence cri de : *Vive l'Empereur! vive l'Impératrice!* les accueille et les salue.......

L'Empereur et l'Impératrice ont, le 23 août, à neuf heures du matin, quitté le palais de Saint-Cloud. LL. MM. se sont rendues à la gare de Bercy par le chemin de fer de ceinture. Il n'y eut pas de réception officielle, et peu d'instants après leur arrivée, le convoi Impérial prit son essor vers Dijon, au milieu des applaudissements d'une foule immense qui se pressait aux abords du chemin de fer.

Les personnes qui ont l'insigne honneur d'accompagner LL. MM. sont :

Madame la comtesse de Rayneval, dame du palais.
Madame la comtesse de la Poèze.   id.
Madame de Sancy,   id.
Le général Lebœuf, aide-de-camp.
Le général Fleury, premier écuyer, aide-de-camp.
Le colonel Lepic.
Le vicomte de Laferrière, chambellan de l'Empereur.
Le comte de Castelbajac, écuyer de S. M.
Le capitaine baron Klein de Kleinemberg, officier d'ordonnance.
Le capitaine marquis de Galliffet,   id.
Le docteur Conneau, premier médecin de Sa Majesté.
Le comte de Lagrange, écuyer de l'Impératrice.
Le comte Tascher de la Pagerie.
M. Piétri, attaché au cabinet de l'Empereur.
M. Amyot, inspecteur du télégraphe.
M. Irvoy, inspecteur général de police.

Le train impérial est dirigé par M. Bidermann, ingénieur des ponts-et-chaussées, chef de l'exploitation du chemin de fer de Paris à la Méditerranée. — Il est conduit par MM. Dassier, président du conseil d'administration du chemin de fer de Paris à Lyon, et Schneider, vice-président du Corps législatif et un des administrateurs du chemin de fer.

MM. Chaperon, directeur, et G. Réal, secrétaire général de la compagnie, accompagnent aussi LL. MM.

A 1 heure 38 minutes, le train express, allant de Dijon à la rencontre des augustes voyageurs, arrive à Montbard. M. le maréchal Canrobert, M. le préfet de la Côte-d'Or, et M. le général de division Faucheux en descendent.

Aussitôt M. le maréchal Canrobert passe en revue les gardes forestiers, les gendarmes et les médaillés de Sainte-Hélène. Il adresse la parole à plusieurs d'entre eux, et demande au capitaine de gendarmerie le nom de ceux de ses hommes qui méritent la médaille militaire. Le maréchal s'entretient ensuite avec un vieillard, âgé de 85 ans, décoré sous le premier Empire; il lui dit : « *C'est vous, mon brave, qui nous avez montré le chemin ; vous avez fait plus que nous.* »

Dès que la revue est terminée, les autorités et la population tout entière se rendent à la gare.

A 2 heures 33 minutes, le train impérial est annoncé au bruit du canon et au son des cloches ; il est accueilli par les cris mille fois répétés de : *Vive l'Empereur! Vive l'Impératrice!*

M. le maréchal Canrobert, M. le général Faucheux et M. le préfet de la Côte-d'Or sont reçus aussitôt par LL. MM.

La femme de M. le juge de paix de Montbard, Mᵐᵉ Odinot, est présentée à LL. MM., auxquelles elle offre un bouquet et dit un compliment dont l'Impératrice demande copie. S. M. fait don à cette dame d'un écrin contenant quelques bijoux.

Un enfant de l'âge du Prince impérial, le fils de M. Courboulin, notaire, est également reçu, accompagné de sa mère, dans le wagon impérial ; cet enfant ayant débité avec grâce un petit compliment à l'Impératrice, elle l'embrasse avec effusion et lui remet un écrin contenant une chaîne en or avec une petite croix en diamants. — L'Empereur donne au maire de Montbard 500 fr. destinés à être répartis entre les médaillés de Sainte-Hélène les plus nécessiteux. L'enthousiasme est à son comble, et tous les assistants sont ravis de la gracieuseté de LL. MM., qui ne cessent de saluer de toutes parts les personnes accourues en foule à leur rencontre. — Quelques minutes seulement après l'arrivée, le train se met en marche pour Dijon.

A trois heures 55, LL. MM. descendent de wagon à la gare de Dijon où toutes les autorités sont réunies.

M. le Maire, à la tête de son Conseil municipal, les reçoit, et prononce le discours suivant :

Sire,

Les clefs que j'ai l'honneur de présenter à Votre Majesté porteront désormais avec elles deux bien grands souvenirs : Louis XIV les recevait, il y a près de deux siècles, alors qu'il allait, comme aujourd'hui Votre Majesté, visiter des provinces récemment ajoutées à la France. Mais la conquête seule les lui avait livrées, tandis que le suffrage unanime des populations vous a donné la Savoie et le comté de Nice. C'est que votre gouvernement a poussé le prestige du pays jusqu'à la fascination ; et quand l'Europe affecte de redouter encore la puissance de vos armes, elle craint bien plus en réalité les sympathies que vous avez fait naître chez les peuples. En présence de tant de grandeur, l'Empereur me permettra de lui rappeler que notre ville a été la première à la prévoir, car elle a été la première à entendre de la bouche de Votre Majesté ces prophétiques paroles : « Croyez-le bien, la France ne périra pas dans « mes mains. »

Madame,

La Bourgogne est heureuse et fière de recevoir Votre Majesté dans son ancienne capitale. Elle sait, comme toute la France, que vous êtes sur le trône la gracieuse Providence de toutes les infortunes, comme vous seriez au besoin la courageuse souveraine d'un grand pays.

Nos populations vous attendent pleines d'impatience pour vous voir, Madame, et vous exprimer leur dévouement à l'Empereur qui fait la France si grande, à l'Impératrice qui la fait si heureuse, et à votre prince Impérial qui la perpétuera dans son éclat et sa prospérité.

Les cris de *Vive l'Empereur ! vive l'Impératrice ! vive le Prince Impérial !* plusieurs fois répétés par l'assistance tout entière, terminent ce discours.

L'Empereur répond qu'il remercie M. le Maire de Dijon du souvenir qu'il lui rappelle de son premier voyage. « A cette époque, « ajoute Sa Majesté, vous m'avez soutenu par votre approbation, « aujourd'hui vous me soutenez par votre dévouement. »

Les cris de *Vive l'Empereur ! vive l'Impératrice !* retentissent de nouveau dans la salle de réception, et M. le Maire offre à l'Em-

pereur, sur un coussin de velours vert, les clefs de la ville qui, en 1683, avaient été présentées à Louis XIV.

Cinq voitures de la Cour, attelées à la Daumont et précédées de 3 piqueurs, s'approchent. Dans la première S. M. l'Empereur, S. M. l'Impératrice, M. le maréchal Canrobert et M. le général de division Lebœuf, prennent place.

M. le comte de Castelbajac se tient à cheval à la portière.

Les autres voitures de la Cour sont occupées par les personnes de la suite de Leurs Majestés.

Alors le cortège se met en marche au milieu d'un formidable cri de *Vive l'Empereur ! vive l'Impératrice !* qui ne cesse de retentir et de rouler comme un tonnerre sur tout le parcours, bordé d'une foule compacte, enthousiaste, et qui salue avec respect, avec amour son Elu et sa gracieuse Souveraine.

Entre deux haies formées de sapeurs-pompiers, de maires, de conseillers municipaux, de délégués de communes avec leurs drapeaux et leurs fanions, aux sons des tambours et des musiques, s'avancent d'abord cinq gendarmes qui ouvrent la marche ; vingt-sept autres gendarmes précèdent un escadron de lanciers commandés par le colonel ; puis viennent deux piqueurs en livrée, cinq cent-gardes, un piqueur, la voiture de LL. MM., précédée de M. le commissaire de police central Besson et de M. le commissaire de police Milon, tête découverte, des officiers de l'état major, un piquet de cent gardes, les voitures de la cour, un escadron de lanciers et les compagnies de sapeurs-pompiers, qui, au fur et à mesure que le cortège s'avance, s'empressent de prendre rang à sa suite.

Mgr l'Evêque reçoit, à la tête de son clergé, l'Empereur et l'Impératrice à l'église cathédrale et paroissiale de Saint-Bénigne, et il les harangue en ces termes (1) :

« SIRE,

« MADAME,

« L'évêque de Dijon se félicite de pouvoir vous parler, à son tour, des sentiments de la population que Vos Majestés honorent aujourd'hui de leur visite.

« Cet empressement universel, ces acclamations unanimes sont l'expression sincère de la joie que nous fait éprouver votre auguste présence.

____

(1) L'insertion au *Moniteur* de ce discours, si remarquable à la forme et au fond, témoigne de la haute approbation qu'il a obtenue. — Le discours de M. le maire a été également reproduit par le *Moniteur universel*.

« En vous voyant, Sire, nous aimons à nous rappeler tout ce que vous avez fait pour la France, et ce que Votre Majesté fait encore tous les jours pour la rendre heureuse et paisible au dedans, puissante et glorieuse entre toutes les nations.

« Dans quelques instants, notre profonde reconnaissance de ce passé va se répandre en vœux et en prières pour l'avenir.

« A celui par qui règnent les rois, nous demanderons pour l'Empereur des jours longs et prospères, un règne non moins glorieux dans les travaux de la paix qu'au milieu des hasards de la guerre.

« Et pour vous, Madame, avec la douce et bien légitime récompense de vos incessants bienfaits, nous demanderons les saintes joies, les ineffables consolations que votre cœur d'épouse et de mère mérite si bien.

« Nos prières, Madame, seconderont les vôtres pour appeler sur le Prince impérial toutes les grâces et les bénédictions dont votre affection supplie le Seigneur de le combler.

« Puisse le voyage que Vos Majestés commencent ne compter que des jours heureux !

« Allez, Sire, montrer aux populations que vous venez de rattacher à la France la part qu'elles ont déjà dans votre sollicitude paternelle ; allez fortifier vous-même ces liens nouveaux que leurs vœux préparaient depuis longtemps !

« Allez visiter cette île à jamais fameuse par le berceau de votre dynastie. Et que la France africaine vous voie consacrer par votre présence la conquête faite, il y a trente ans, par nos armes, et qu'achèvent, de concert, nos lois et nos institutions !

« En traversant cette mer qui nous sépare de l'Afrique, Votre Majesté entendra ses flots répéter encore les chants d'enthousiaste espérance que nos vaillants soldats ont redits à l'envi en s'élançant, par vos ordres, au secours de la Syrie et du Liban... Et les brises orientales vous apporteront avec ces chants guerriers les accents de la reconnaissance et les vœux confiants de ces malheureuses populations pour qui le drapeau de la France est une consolation et un gage de sécurité, parce que, nous aimons à le redire après à Votre Majesté, « *Partout où se montre le drapeau de la France, on* « *sait qu'un grand principe le précède et qu'un grand peuple le suit.* »

« Jouissez, Sire, du double et honorable témoignage que vous rend à cet égard votre conscience. Chrétien, vous allez refouler en même temps l'idolâtrie et l'islamisme fanatiques et barbares ; Empereur des Français, vous avez compris et devancé les sympathies et les vœux de votre peuple.

« Soyez donc deux fois béni, Sire, pour cette généreuse résolution que les exigences ombrageuses de la politique n'ont pu faire faiblir ; fasse le ciel que Votre Majesté puisse également triompher des embarras, j'ai presque dit des entraves que cette même politique, sortie de plus en plus des voies de la justice et du droit, prétend imposer au Fils aîné de l'Eglise catholique, à l'Empereur, successeur de Pépin et de Charlemagne !...

« Oui, fasse le ciel qu'il soit enfin permis à votre piétié filiale d'éloigner du patrimoine de saint Pierre ces flots frémissants qui le menacent, et de garantir à notre chef, à notre père dans la foi, ce Principat sacré que douze siècles lui ont fait ! C'est là le vœu de Votre Majesté, nous le savons; c'est aussi le nôtre.

. Dieu, que nous allons prier, nous accordera, je l'espère, à vous, Sire, cette nouvelle et bien grande gloire, et à nous, cette immense consolation. »

S. M. l'Empereur répond :

« MONSEIGNEUR,

« Je vous remercie des vœux que vous voulez bien former pour l'Impératrice, le Prince Impérial et pour moi.

« Ce m'est un bonheur de commencer par la ville de Dijon le long voyage que j'entreprends, et de le mettre sous les auspices de la religion par l'entremise d'un prélat pour qui je ressens tant de respect, de confiance et de sympathie, et qui a si bien compris mes intentions. »

Leurs Majestés sont alors conduites processionnellement sous le dais jusqu'au sanctuaire, où étaient préparés pour Elles deux fauteuils et deux prie-Dieu.

L'Empereur et l'Impératrice se sont mis à genoux et ont entendu, avec un recueillement qui a édifié et ému les fidéles, l'*Exaudiat* et l'*O Salutaris* de Lesueur, chantés par les élèves de la Maîtrise et la Société chorale de Dijon.

Mgr l'évêque donne la bénédiction.

Après cette imposante cérémonie, LL. MM. jettent un coup d'œil sur le magnifique vaisseau de notre cathédrale, et semblent se communiquer leurs impressions.

Puis l'Empereur et l'Impératrice sont reconduits jusqu'à leur voiture avec le même cérémonial.

On remarque qu'en sortant de l'église, l'Empereur parle, à diverses reprises, à Mgr l'évêque avec une grande effusion.

Le cortège reprend sa marche, et bientôt LL. MM. font leur entrée en ville par la porte Guillaume.

Une immense population se presse aux fenêtres, même les plus élevées, et la foule ondoie sur les trottoirs devant lequels on remarque, avec un plaisir indicible, qu'il n'y a aucun déploiement de force armée. C'est une noble confiance dont chacun s'honore ; c'est l'hommage rendu à un grand peuple par le puissant Souverain qui l'a placé et le maintient à la tête des nations ! Aussi, que d'éclatants témoignages d'amour, de dévouement et de reconnaissance il recueille sur son passage. On eut dit une fête de famille; des enfants acclamant un père vénéré. — Combien l'Empereur semble heureux et fier ! et comme toutes les grâces de l'Impératrice s'épanouissent sur cette physionomie charmante, animée par les joies du bonheur le plus grand, le plus pur ! !

L'un et l'autre ne cessent de saluer.

LL. MM. arrivent à la préfecture.

Dans la cour se trouvent réunis M. le préfet, les membres du Conseil de préfecture, le général Faucheux, la Cour impériale, le Tribunal de première instance, les membres de l'Académie et des Facultés des Lettres, Sciences et de Médecine, les maires des communes du département, les professeurs du Lycée et les élèves, le directeur de l'Ecole normale primaire, les membres de la Commission commerciale et viticole de Beaune, les médaillés de Ste-Hélène, etc., etc. La Compagnie des sapeurs-pompiers de Dijon forme la haie, qui, aux abords de la préfecture, est composée de cent gardes-forestiers commandés par M. l'inspecteur des forêts de Bry d'Arcy, et de deux compagnies du 53⁰ arrivées la veille de Besançon avec le colonel, l'état-major et la musique. On ne se lasse pas d'admirer le drapeau criblé de balles et tout noirci de fumée du brave 53ᵉ.

Avant l'introduction de Leurs Majestés dans leurs appartements, un bouquet est offert à l'Impératrice par une députation de jeunes filles composée de :

Mˡˡᵉˢ Vernier.	Mˡˡᵉˢ Moyne.
Lenormant.	Sédillot.
Fériel.	Radepont.
Méaux.	Tabourot.
Boissard.	De Sérézin.
Delamarche.	Lesèble.
Ladey.	Brulet.
Matry.	Menne.
Toussaint.	

Mˡˡᵉ Vernier complimente S. M. en ces termes :

« Madame,

« Nous sommes bien heureuses d'être les premières à vous présenter l'expression de notre amour dans ce voyage où l'attachement et la reconnaissance vont semer sur vos pas tant d'hommages; et au milieu des sentiments unanimes que fait éclater la présence de Votre Majesté, si personne ne peut prétendre à vous aimer davantage, on peut du moins se féliciter d'être le premier écho de cet immense concert.

« Nous espérons que Votre Majesté daignera accueillir nos vœux pour Elle, pour l'Empereur, pour le Prince impérial, et recevoir avec bonté ces fleurs qui devraient ne se flétrir jamais, pour être le fidèle emblème du souvenir que votre passage à Dijon laissera dans nos cœurs. »

L'Impératrice embrasse M{ll}{o} Vernier, et entre dans ses appartements.

Immédiatement les présentations commencent dans l'ordre indiqué en l'instruction ci-dessus transcrite. Des discours sont prononcés, et entre autres ceux qui suivent.

M. Méaux, président du Tribunal de première instance :

SIRE,

Le Tribunal de première instance de Dijon s'estime heureux d'avoir l'occasion d'exprimer à Votre Majesté ses sentiments de profond respect et de dévouement sincère.

Mes collègues et moi, Sire, nous avons pour règle constante de nous appliquer à pratiquer le bien, et dans l'exercice de la fonction, d'agir de manière à faire remonter vers le Chef de l'Etat le bienfait du devoir accompli.

Ce n'est qu'en suivant cette voie et en contribuant, autant qu'il est en nous, à faire aimer l'Empereur, au nom duquel nous rendons la justice, que tous nous croyons avoir satisfait aux exigences diverses de l'importante mission qui nous est confiée.

L'Empereur a répondu :

Je remercie le Tribunal des sentiments qui me sont exprimés ; je sais l'empressement de la Magistrature à remplir tous ses devoirs.

M. le Recteur :

« SIRE,

« Nous sommes heureux de pouvoir exprimer à Votre Majesté nos sentiments de bons français et de sujets fidèles. Nos maîtres, habitués à méditer les leçons de la sagesse antique, admirent la sagesse de l'Empereur ; et la jeunesse de nos écoles sent, avec la vivacité de son âge, tout ce que le gouvernement de Votre Majesté a fait et fait chaque jour pour la grandeur de la France. »

M. Dunoyer, président de la Chambre de commerce du département :

« SIRE,

« Le commerce ne peut oublier qu'en sauvant la France, Votre Majesté l'a rendue plus glorieuse et plus prospère que jamais ; nous nous empressons de lui en témoigner une reconnaissance éternelle ; nous la remercions également d'avoir bien voulu ordonner des études sur le projet d'un chemin de fer de Langres à Dijon, pour relier le nord au midi.

« Nous sommes trop heureux de votre séjour, Sire, et de celui de Sa Majesté l'Impératrice, pour abuser de l'insigne honneur qui nous est accordé; nous formons donc les vœux les plus sincères pour votre bonheur et celui de Son Altesse le Prince Impérial, car à vos destinées sont unies celles de la France. »

M. Tissot, président de l'Académie des sciences, arts et belles-lettres de Dijon :

« Sire,

« Les Sciences, les Lettres et les Arts, pas plus que tout le reste, ne dépériront entre les mains de Votre Majesté.

« Ces nobles conquêtes de la civilisation font partie essentielle de la grandeur de la France, but suprême de vos constants et généreux efforts.

« L'Académie impériale de cette ville s'estime heureuse de pouvoir en témoigner sa reconnaissance à Votre Majesté, au Souverain magnanime qui a su se concilier, à des titres si divers, le respect et l'admiration du monde. »

L'association viticole de l'arrondissement de Beaune offre à LL. MM. II. un coffret contenant les vins d'honneur. Il est en chêne, sans moulures; les poignées sont en or ainsi que la plaque de la serrure, sur laquelle sont gravées les armes Impériales. En remettant à l'Empereur les clefs de ce coffret et un mémoire relatif aux catégories du traité de commerce anglais, M. Poulet, membre de l'association viticole de l'arrondissement de Beaune, prononce les paroles suivantes :

« Sire,

« L'association commerciale viticole de la Côte-d'Or est heureuse de pouvoir offrir à Votre Majesté, avec les vins d'honneur, l'expression de sa reconnaissance pour le traité de commerce qui ouvre de si importants et si précieux débouchés à nos produits viticoles.

« Elle prend la respectueuse liberté d'appeler la bienveillante sollicitude de l'Empereur sur l'application qui doit en être faite aux vins de la Bourgogne.

« J'ai l'honneur de remettre à Votre Majesté la liste des vins qui lui sont offerts et un mémoire relatif au traité de commerce avec l'Angleterre.

L'Empereur a répondu avec bienveillance :

« Je remercie votre association des vins d'honneur qu'elle m'offre et je lirai avec
« intérêt le mémoire que vous me remettez. »

Ont l'honneur d'être présentées par Mme la baronne de Bry :

Mmes Muteau.
Vernier.
Léjéas.
Chabeuf.
Cournot.
De Lacuisine.
Revirard.
Liégeard.
Pitiot.
Boissard.
Fériel.
Simonnet, mère.
Guillemot, femme du secrétaire général.
Paillot.
Toussaint, femme de l'ingénieur.
Rolland de Ravel.

Mmes Baronne Thénard.
Bordet.
Vicomtesse d'Argout.
De Loisy.
Cousturier de Billy.
De Sainte-Suzanne.
Lhéritier.
Lesèble.
Paul Echaillé.
De Berbis.
Dagallier.
Menne.
Emilie Geïb.
Les Sœurs de charité des quatre paroisses.
Les Petites-Sœurs des pauvres.

Au diner offert par S. M. dans les salons de la Préfecture, trente-cinq convives prennent place :

L'Empereur.

A droite :

Madame la Baronne de Bry.
Le général Faucheux.
Madame de Boyer de Sainte-Suzanne.
Le général Sencier.
De Franqueville, conseiller d'Etat, Directeur-Général des ponts et chaussées, membre du Conseil gén. de la Côte-d'Or.
Méaux, président du Tribunal civil.
Lhéritier, colonel de gendarmerie.
Le Président Vuillerod.
Vicomte d'Argout, Receveur général.

A gauche :

Madame la Comtesse de la Poëze.
Le général Carrelet, sénateur.
L'Intendant militaire.
Lenormant, Procureur général.
Manuel, Président du Tribunal de commerce.
Fériel, Procureur impérial.
Mairet, Vice-Président du Conseil général.
Le docteur Conneau, médecin de S. M.
Le colonel Lepic, aide-de-camp.

L'Impératrice.

A droite :

Le maréchal Canrobert.
Madame de Sarrey.
Le Premier Président.
Le Maire de Dijon.
Ouvrard, député de la Côte-d'Or.
Dunoyer, Président de la Chambre de commerce.
Le Président de Lacuisine.
Rolland de Ravel, ingénieur en chef.
Toussaint,   id.

A gauche :

Mgr l'Evêque de Dijon.
Madame la Comtesse de Rayneval.
Le Préfet de la Côte-d'Or.
Le général Lebœuf.
Le Recteur de l'Académie.
Louis Bazile, député de la Côte-d'Or.
Le Président Legoux.
Le Baron de Boyer de Sainte-Suzanne.

Le menu, dressé par MM. P. Guillemot et Goisset fils, de Dijon, est ainsi composé :

Deux potages en quatre soupières ;
Deux juliennes ;
Deux tapiocas ;
Seize hors-d'œuvres.
  Deux relevés :
Saumon ou truite, sauce hollandaise ;
Culotte de bœuf, sauce espagnole.
  Six entrées doubles :
Cotelettes mouton jardinière ;
Pâtés chauds, financières ;
Suprêmes de volailles aux petits pois.
Riz de veau à la maréchale ;
Canards aux olives ;
Lyonnaise de homard.
  Deux rôts :
Rôt de quatre chapons ;
Longe de veau ;

Deux salades de saison.
  Trois légumes doubles :
Haricots verts ;
Petits pois à la française ;
Artichauds frits.
Entremets doubles :
Deux meringues ;
Deux Pithiviers ;
Deux crèmes chocolat en petits pots.
  Dessert :
Huit compotes ;
Dix fours ;
Huit fruits ;
Dix assiettes garnies de fruits confits ;
Deux fromages ;
Café.

Pendant le dîner on déguste le *vin d'honneur* que, suivant une ancienne coutume de la Bourgogne, l'Association viticole de Beaune a, comme nous l'avons dit, offert à l'Empereur.

Autrefois, quand un souverain visitait la capitale de la Bourgogne, il était d'usage que le vicomte-mayeur et les échevins de la ville offrissent à leur auguste visiteur un cadeau municipal qu'on appelait le *vin d'honneur*.

La dernière fois que cette vieille coutume fut mise en pratique, ce fut en l'honneur de Louis XIV, en 1683. Ce don consistait en vingt-deux vases en étain fin des vins des crûs de Talant et de Chenôve, et en vingt-deux boîtes de confitures.

Le don de la ville de Beaune est plus important. Il se compose de 50 bouteilles des meilleurs crûs de la Bourgogne. Voici la nomenclature de ces richesses viticoles :

Une bouteille	Corton	1784.	Deux bouteilles		Musigny 1842.
Deux bouteilles	id.	1822.	Deux	id.	Chambertin 1846.
Deux	id.	id. 1825.	Quatre	id.	Musigny 1846.
Trois	id.	Beaune 1832.	Quatre	id.	Saint-Georges 1846.
Deux	id.	Clos-Vougeot 1834.	Deux	id.	Bonnes-Mares 1846.
Deux	id.	Volnay 1834.	Deux	id.	Clos-du-Roi 1846.
Trois	id.	Vosne 1834.	Deux	id.	Tâche 1846.
Deux	id.	Romanée-Conty 1834.	Deux	id.	Romanée mousseux 1849.
Trois	id.	Moutrachet 1834.	Une	id.	Nuits mousseux 1858.
Quatre	id.	Clos-Vougeot 1842.	Deux	id.	Bourgogne mousseux gelé.
Trois	id.	Richebourg 1842.			

Avec les vins que nous venons d'énumérer, l'Association viticole a offert à l'Empereur un panier d'autres bouteilles contenant des échantillons des produits de la Bourgogne.

La musique du 53e exécute, pendant le banquet impérial, plusieurs morceaux, et notamment une cantate composée par un officier de ce régiment. L'Impératrice daigne lui offrir un brillant monté en épingle, et elle donne au chef de musique, comme souvenir, un magnifique écrin contenant une chaîne de montre d'un grand prix.

La table des officiers, toujours servie une heure avant celle de l'Empereur, comprend dix couverts.

A cette heure, chacun cherche à se donner des forces afin de se livrer à tous les plaisirs que la soirée promet. Les amateurs de théâtre doivent cependant faire queue s'ils veulent assister à la représentation gratuite offerte par la municipalité. Elle se compose de MARIANNE, ou *la Vivandière de la Grande Armée*. On devait aussi y entendre une CANTATE écrite en vue de cette mémorable circonstance ; mais une maladie grave du jeune compositeur en a empêché l'exécution, et elle est remplacée par une ouverture à grand orchestre. Nous déplorons d'autant plus ce fâcheux contretemps, que notre excellente Société chorale avait étudié avec le zèle le plus louable cette œuvre de deux concitoyens qui avaient heureusement pensé que l'art musical devait aussi offrir son tribut d'hommage à LL. MM. dans *la ville des arts*. Nous reproduisons le poème de cette cantate, dont nous espérons entendre prochainement la musique :

France et Syrie !

PAROLES DE M. AUGUSTE FRANÇOIS, — MUSIQUE DE LOUIS FRANÇOIS.

> « ...... Partout, aujourd'hui, où l'on voit
> « passer le drapeau de la France, les na-
> « tions savent qu'il y a une grande cause
> « qui le précède, un grand peuple qui le
> « suit. »

(NAPOLÉON III, au camp de Châlons, le 7 août 1860.)

France ! immortelle France !
Ton génie est toujours égal à ta puissance ! !

Aux Livas (1) Syriens,
Les Druzes se baignaient dans le sang et les larmes
De tes frères chrétiens.
En un sublime élan, soudain tu pris les armes,

(1) Livas, provinces de la Syrie.

Guidé par l'Empereur,
Peuple libérateur!
Aux armes! aux armes!
Vive l'Empereur!!

Les ilotes du despotisme
S'affranchissent sous ton drapeau.
Il trouve asile en ton vaisseau,
Le saint martyr du fanatisme.
Juifs, chrétiens, musulmans, tes fils ont même cœur....,
Pour venger un forfait, ils offrent leur poitrine.....
Toujours des opprimés tu fus le défenseur,
Et ta main, ici-bas, est une main divine!

INVOCATION.

Protège nos soldats,
Seigneur, Dieu de l'armée!
Pour de nobles combats
La voile est déployée.
Tu commandes au vent;
Eloigne la tourmente.
Sur les bords du Levant
Chacun est dans l'attente....
Tout espoir est en eux
Contre les fanatiques.
Mânes de nos aïeux,
Phalanges héroïques,
Priez pour nos soldats
Le Seigneur de l'armée!
Pour de nobles combats
La voile est déployée.

Aux Livas Syriens,
Les Druzes se baignaient dans le sang et les larmes
De tes frères chrétiens.
En un sublime élan, soudain tu pris les armes,
Guidé par l'Empereur,
Peuple libérateur!
Aux armes! aux armes!
Vive l'Empereur!!

Il t'a comprise et fécondée
L'Elu du Peuple souverain.
D'une forte et prudente main
Il sème sa fertile idée!
A tous les malheureux tu verses des trésors.....
Ils sont illimités ainsi que ton courage.....
Ta charité s'étend à la pensée, au corps.
Du monde Rédempteur, France, tu n'as point d'âge!

> Aux Livas Syriens,
> Les Druzes se baignaient dans le sang et les larmes
> De tes frères chrétiens.
> En un sublime élan, soudain tu pris les armes,
> Guidé par l'Empereur,
> Peuple libérateur !
> Aux armes ! aux armes !
> Vive l'Empereur ! !
>
> Le Maronite, ô France !
> En mourant t'a légué femme, enfants et vengeance ! !

Dijon, 23 août 1860.

A peine la représentation théâtrale commence-t-elle devant de nombreux spectateurs, que la foule des invités se dirige déjà vers les salles de la mairie dans lesquelles doit avoir lieu le bal offert par la ville à LL. MM.

Il est extrêmement rare de trouver en province un bâtiment aussi propre à une réception impériale que notre vaste Palais des Etats. MM. Suisse et Scheffer, Boussavis, architecte de jardins, et Ad. Bellois, tapissier, l'ont compris, et ils y ont fait des chefs-d'œuvre d'art et de goût. C'est un palais féérique que celui où deux mille cinq cents personnes vont avoir la faveur de jouir de la présence de l'Empereur, de s'approcher de lui, et d'admirer encore, ainsi qu'on voudrait le faire toujours, les grâces célestes de l'Impératrice.

Vestibule de l'escalier du Palais des Etats.

Il est éclairé par une forte lampe antique et par quatre fortes torchères aux angles, placées au milieu de massifs de verdure s'élevant jusqu'à la voûte du porche. Ses quatre grandes ouvertures cintrées sont garnies par autant de portières en tapisserie, relevées par des embrasses.

Escalier du Palais des Etats.

L'architecture de ce bel escalier a été conservée avec soin ; des massifs de fleurs sont établis au palier de départ et s'élèvent jusqu'à la hauteur de l'étage. Ils sont garnis de six grandes torchères à bouquets de lumières. La montée est décorée de chaque côté d'une jardinière continue à galerie dorée, et les marches sont couvertes d'un tapis haute-laine de quatre mètres de largeur.

Les rampes sont recouvertes de housses en velours vert avec crépines et galons dorés.

Sur le palier d'arrivée, huit torchères blanc et or supportent de forts bouquets de bougies.

Toutes les croisées de cet escalier sont garnies de rideaux velours vert et or, avec jardinières et stores mousseline. Les niches d'angles sont garnies de statues encadrées dans des fleurs.

La porte d'entrée ouvrant sur le salon de verdure auquel l'escalier donne accès est garnie d'une portière en velours vert frangée or.

Cet escalier est éclairé par deux cent cinquante-deux bougies et huit lampes Carcel.

Salon de verdure.

Ce salon, formant antichambre de la salle de bal, est orné d'un treillage doré dans lequel se jouent des plantes grimpantes et odoriférantes qu'interrompent des trumeaux de glace, décorés de rideaux et bonnes-grâces ponceau frangés or.

Au milieu de cette pièce s'étend un tapis de verdure. En face l'entrée de la salle des Etats, a été construit un rocher en pierres naturelles à double étage; sa partie supérieure forme un plateau laissant épancher une nappe d'eau qui retombe dans un bassin à deux mètres cinquante centimètres du sol. De ce bassin, une nouvelle nappe de un mètre trente centimètres de large sur un mètre soixante-dix de hauteur et deux centimètres d'épaisseur, tombe dans un second bassin couvert de plantes aquatiques et de fleurs, dont les hortensias forment la base principale.

Ces eaux sont éclairées par des boules lumineuses de diverses couleurs ; de chaque côté, un trumeau de glace orné de rideaux avec bonnes-grâces.

Cette pièce est éclairée par cinq lustres et huit bras donnant ensemble cinq cents bougies.

Salle des États.

Les fenêtres sont remplies par des glaces avec jardinières et vases de Chine recevant des bouquets de bougies. Chacune est ornée de garniture en velours à crépines d'or avec bonne-grâce, et couronnée par une large galerie surmontée d'un aigle rond de bosse doré et entouré d'une couronne de laurier.

Entre les fenêtres, les murs sont tendus en satin-laine amarante rehaussé de tentures de velours. Sur le milieu de chaque panneau se trouve un médaillon fond blanc moiré, à abeilles d'or et large cadre doré, entouré de guirlandes de feuillage ; au-dessous, une jardinière suspendue, en jonc doré et entrelacs, garnie d'un vase de Chine entouré de fleurs et contenant un bouquet de lumières.

Au fond de la salle existe un trône élevé de trois marches, avec baldaquin en velours rouge semé d'abeilles d'or et rideaux relevés par des embrasses en torsade d'or se reliant à une forte patère dorée et surmontée d'un aigle doré aux ailes déployées, faisant pendant à l'aigle qui couronne la tribune ; en face, à droite et à gauche, deux grandes torchères et jardinières garnies de bouquets de lumière ; de chaque côté, deux panneaux en glaces, encadrés dans des rideaux avec lambrequins et aigles au dessus ; au pied de ces trumeaux, deux jardinières avec bouquets lumineux.

En face du trône est une tribune d'ordonnance corinthienne : la corniche dorée, la frise en velours, les chapiteaux et bases dorés ; le fut de la colonne est en velours avec galons dorés formant cannaux. Sous cette tribune sont deux bassins surmontés chacun d'une vasque et d'un enfant tenant dans ses bras un poisson d'où sortent des eaux abondantes tombant en gouttelettes brillantes sur les vasques ; le tout est entouré de plantes aquatiques et de glaces qui reflètent la salle entière.

Entre les colonnes de la tribune ont été placés des lustres suspendus, et, au milieu de ces colonnes, des bracelets portant trois bouquets de lumières.

La salle des Etats est éclairée par 1,500 bougies, 13 lustres et un grand nombre de bouquets.

Salle de Flore, reliée à la salle des Etats par un pont volant.

Les croisées sont remplies par des glaces ; au-dessous sont établies des jardinières entourées de joncs dorés. Ces glaces sont garnies de rideaux bleu-ciel avec bonne-grâce, franges et glands dorés, le tout éclairé par une girandole en cuivre contenant des bougies.

De grandes torchères sont placées sur l'axe des panneaux qui séparent les croisées ; et aux quatre angles de la salle, quatre grandes glaces, garnies de rideaux, de bonnes-grâces et de girandoles à chaînes. Ensemble dix-huit grandes glaces décorent cette pièce, qui est éclairée par dix-sept lustres, douze torchères, formant un ensemble de 1,088 bougies.

L'escalier donnant accès au vestibule précédant cette salle est garni d'une jardinière continue avec glaces sur les paliers et huit bouquets de lumières; il est fermé en haut et en bas par de grandes portières en tapisserie.

Salon de l'Impératrice.

Ce salon est éclairé par un lustre en cristal de roche et bronze à 54 bougies, et huit bras à 16 bougies.

La face de la cheminée est garnie au centre par une grande jardinière avec socle en velours et garniture en jonc doré; à droite et à gauche de cette jardinière, deux glaces Louis XV surmontent des consoles du même style, qui portent des vases de Chine contenant des girandoles dorées à bougies.

En face, deux autres glaces Louis XV à riches cadres dorés surmontent des consoles semblables. A droite et à gauche, deux portières velours et or. — Les croisées de cette pièce sont semblablement disposées, et entre elles se trouve un meuble de Boule, bronze riche, surmonté d'une glace de Venise à facettes.

Au fond, entre deux glaces semblables aux précédentes, on voit le buste de S. M. l'Empereur, en bronze sur gaîne en marbre. A droite et à gauche, des angles en bois sculpté et doré supportent de grands cornets avec bouquets montés. En face de ce panneau, et entre chaque croisée, trois glaces forment un cabinet, avec jardinière au pied.

Au centre de cette pièce, une riche table en laque et cuivre doré porte une pendule bronze antique formée d'un globe que supportent trois fleuves. — Une deuxième table en laque est destinée à former le buffet impérial.

Un tapis d'Aubusson couvre toute la surface du salon, et tous les sièges le garnissant sont en bois doré et soie de Lyon.

(Ce magnifique ameublement a été fourni tout entier et gratuitement par M. Tagini.)

Autres salons reliés à la salle des Etats par un pont volant.

Trois autres salons de conversation sont décorés de portières et de rideaux de velours; au milieu de chacun, des jardinières avec bornes de repos et ameublement complet.

Le palais des Ducs est éclairé en totalité par 4,450 bougies et 160 lampes Carcel; plus de 8,000 pots de fleurs y sont disposés.

De riches buffets sont dressés. Celui de l'Empereur, placé dans le salon réservé, se compose ainsi :

1 baba.	Sorbets.
1 brioche allemande.	Café glacé noir et au lait.
100 sandwichs de tous genres.	Chocolat chaud.
6 corbeilles de fruits.	Biscuits glacés.
200 pâtisseries de toutes espèces.	Punch chaud.
4 gelées en compotiers.	Punch glacé.
Vins de Bourgogne.	Limonade.
Sirops.	Thé.
100 glaces.	Bourgogne mousseux froid.

Les trois autres, l'un au-dessus de l'escalier de la salle de Flore, l'autre dans la chambre du commerce, et le dernier dans la salle des appariteurs, sont couverts de :

1,500 potages au tapioca et au riz.	» »	Sirops	» 40
4,000 sandwichs de tous genres.	» 40	Café glacé	» 40
6,000 pâtisseries.	» 15	3,000 glaces	» 50
Fruits du pays	» 15	Chocolat	» 40
12 brioches allemandes	» 15	Punch	» 30
12 gros babas.	» 15	Sorbets.	» 40
2,000 biscuits	» 10	Limonade.	» 40
3,000 pâtés de volaille à la main.	» 50	Marquise.	» 30
500 raisins.	» 50	Thé	» 30
Vins de Bourgogne, de. . . 3 à 4	»	Bourgogne mousseux.	4 »
Vin blanc ordinaire de Bourgogne	» »		

Tous les rafraîchissements sont en proportion de la commande des glaces. — Il est interdit de servir du vin avant minuit.

Les entrepreneurs des buffets sont MM. Paul Guillemot et Charles Thibaut, de Dijon.

Les vins de Bourgogne sortent des caves de ces messieurs.

Les vins mousseux, dont la qualité, de l'avis général, est vraiment supérieure, proviennent de la maison Labourey, Gontarnd et Lefèvre, de Nuits.

Deux orchestres sont établis : l'un dans la tribune de la salle des Etats, l'autre dans la salle de Flore.

Les membres de la Commission du bal sont : MM. Vernier, maire ; Lejéas, Chabeuf, adjoints ; Chanoine, de Lacuisine, Liégeard, Lombard, Roussin, Toussaint, conseillers municipaux ; de Bry d'Arcy, N. Moyne, Pichot, Y. Boissard, Garnier, P. Milsand, H. Cugnotet, Chabeuf fils, Piet, de Bast fils, J. Bonnet, Brette, Carnot, Darantière fils, Ch. Echalié, Ladrey, Thomas fils, Emile Grenier, Laguesse, Charbonneau, L. Moyne, Malteste fils, Pingat fils, Renier-Trélanne, de Saint-Loup fils, Roux, Marlet, de Lacuisine fils, H. Rouget, de Sérézin père, de Sérézin fils.

L'insigne des membres de la Commission est une abeille d'or sur ruban moiré vert à franges d'or.

Les uns reçoivent les cartes d'entrée, les autres offrent le bras aux dames et les font placer.

Pendant qu'une brillante assemblée attend l'heure à laquelle LL. MM. viendront honorer le bal de leur présence et l'ouvrir, une foule immense prend position dans les avenues du Parc, où l'on ne tarde pas à tirer un feu d'artifice, puis elle se reporte par mille détours sur les points où les illuminations sont annoncées devoir être les plus belles. Pendant ce trajet, tortueux et difficile, on a le temps de constater que jamais autant d'illuminations particulières n'ont brillé dans la ville. On fait la même remarque à propos des drapeaux, qui pavoisent à profusion les fenêtres. La place Saint-Pierre est éclairée aux godets, au gaz et aux lanternes vénitiennes. Des lustres de verres de couleurs sont disposés près des deux orchestres qui, de chaque côté du Jet-d'Eau, ne cessent de ranimer les jambes que la fatigue alourdit. Les lanternes dans les feuillages des arbres, les mille feux suspendus aux colonnes et aux arcades de légers portiques, un cintre de porte colossale diamanté par le gaz et couronné par un aigle lumineux, forment un ensemble d'un ravissant effet. Mais combien l'admiration grandit en arrivant aux Places d'Armes et du Théâtre, à l'église Notre-Dame et à la Préfecture, que des guirlandes et des lustres de feu relient entre elles de chaque côté. De 63,000 godets, allumés en une heure et demie par 200 ouvriers sous les ordres de MM. Sirandré frères, s'échappe la flamme, et le gaz fait res-

plendir des chiffres nombreux et des aigles aux ailes déployées.
La façade de Notre-Dame éblouit et étonne. Depuis la base jusqu'au
sommet l'illumination dessine et fait ressortir son vaste portique,
ses colonnettes, ses arceaux et ses chapiteaux délicats.

C'est un spectacle nouveau, audacieux et magique. — Cette façade seule compte 9,700 godets.

La place du Théâtre, avec ses fleurs, ses guirlandes, ses lustres,
ses vases lumineux de diverses couleurs et son arc de triomphe
sobrement illuminé, offre un aspect enchanteur.

La place d'Armes est admirable. Chaque arcade est do-
minée par des godets. Un cordon de lumières en fait tout
le tour. Les portiques des deux ailes, les balcons, les colonnes,
les frontons sont illuminés avec un art remarquable. Les armes
de la ville et un aigle énorme couronnent l'entrée de la cour
d'honneur. Au-dessus de chaque pavillon est un aigle plus petit.
La grille est ornée de chiffres et de guirlandes. Tous ces appareils sont diamantés par le gaz, et, chose heureuse, le vent est
tombé; il ne contrarie en rien une réussite parfaite.

A dix heures précises l'Empereur et l'Impératrice quittent la préfecture. Des acclamations enthousiastes les suivent jusqu'au bal.

LL. MM. sont dans une voiture de gala, à supports dorés,
fermée de glaces, et conduite par deux chevaux richement har-
nachés. Le cocher sur le siège et trois valets de pied debout sur
le derrière de la voiture, portent perruque à queue, chapeau à
cornes, habits à la française galonnés d'or sur toutes les cou-
tures, culottes courtes, bas blancs. Un piqueur précède la voiture, un piquet de cent-gardes la suit; puis trois voitures dans
lesquelles la Cour est montée sont conduites par deux chevaux
dirigés par un cocher et servies par deux valets de pied.

M. le Maire et huit commissaires, MM. Lejéas, Chanoine,
Lombart, de Bry d'Arcy, Milsand, Garnier, Carnot et Charbonneau reçoivent LL. MM. au pied de l'escalier d'honneur de la
salle des Etats.

MM. les commissaires ouvrent la marche à trois escaliers devant LL. MM. précédées d'un chambellan et suivies de la Cour.

L'Empereur donne le bras à l'Impératrice.

Arrivée dans l'antichambre, l'Impératrice a ôté sa sortie de
bal, et LL. MM. font leur entrée dans la salle des Etats, toujours
précédées de MM. les commissaires, des maires, adjoints et
chambellans, et suivies de la Cour.

Elles se dirigent majestueusement vers le trône, au milieu d'une double haie formée d'abord par les dames, puis par les messieurs. Les cris de *Vive l'Empereur ! vive l'Impératrice !* sont si nombreux et poussés avec un si grand enthousiasme, que c'est à peine si l'on distingue la bruyante marche du *Prophète*, exécutée par l'orchestre.

LL. MM. prennent place sur le trône. — Après quelques minutes, l'Empereur offre la main à Mme Vernier, et le bal est ouvert par le quadrille d'honneur :

S. M. l'Empereur, avec Mme Vernier ; S. M. l'Impératrice, avec le maréchal Canrobert ; M. Vernier, avec Mme de Rayneval, dame d'honneur de l'Impératrice ; le général Fleury, avec Mme de Sainte-Suzanne ; M. le général Faucheux, avec Mme de Sancy ; M. le baron de Bry, avec Mme la comtesse de la Poëze.

Après le quadrille impérial, LL. MM. s'asseoient sur le trône, et l'orchestre jouant une polka, le chambellan invite les commissaires à faire danser les Dames présentées. On danse dans un espace réservé près du trône.

Puis une contredanse a lieu, et immédiatement après LL. MM. parcourent les salons, en commençant par la salle de Flore.

L'affabilité de LL. MM., les grâces enchanteresses de l'Impératrice sont indescriptibles. On ne peut dire qu'une chose, c'es qu'elles émeuvent tous les cœurs.

L'Empereur, en passant dans la salle des tombeaux des ducs de Bourgogne, demande si l'on a celui de Charles-le-Téméraire. Sur une réponse négative, il manifeste, ainsi que l'Impératrice, le désir de voir le portrait du dernier duc de Bourgogne. Des commissaires s'empressent de saisir deux lampes et d'éclairer les traits de celui dont la mort seule a laissé tomber le vaillant duché aux mains du roi de France.

LL. MM., après s'être reposées dans leur salon, se rendent à l'un des balcons de l'aile occidentale du palais, que l'on s'empresse de couvrir de tapis et de tentures. M. le Maire les précède, et Elles apparaissent aux yeux de la foule, qui attend leur présence désirée, et qui les acclame de longs et énergiques vivats. L'Empereur se découvre, et l'Impératrice salue à maintes reprises avec cet abandon aimable qui n'appartient qu'à elle.

On ne peut peindre l'enthousiasme de la population empressée et respectueuse à la vue de son illustre Souverain et de sa bienfaisante Impératrice vêtue d'une robe de gaze de soie blanche à deux jupes, avec de petites étoiles de paille, nœuds de manches et de corsage gros vert garnis d'aiguillettes de paille ; elle porte un collier d'émeraudes entourées de diamants, et sur sa tête étincelle un diadème.

Reconduites avec le même cérémonial, LL. MM. s'arrêtent dans la salle de la cascade et complimentent M. le Maire sur la magnificence du bal que leur a offert la ville; puis en sortant LL. MM. saluent MM. les membres de la Commission, qui s'échelonnent sur les marches de l'escalier d'honneur, et l'Empereur serre la main de M. le Maire, en le remerciant.

Le trajet de LL. MM. du palais des Etats à la Préfecture se fait encore au milieu des acclamations les plus vives.

Pendant cette mémorable journée, c'est moins la bouche que le cœur qui a parlé.

LL. MM. se retirent dans leurs appartements.

Le cabinet de l'Empereur est meublé dans le style Louis XIII : armoire, bureaux, chaises sculptées et marquetées sur ébène, glace de Venise.

La chambre à coucher est dans le style de l'époque du règne de Louis XIV : meuble d'appui à deux portes, table marqueterie de Boule, console dorée à glace de Venise, cadre en cristal taillé et étamé.

Dans la chambre à coucher de l'Impératrice se trouvent : un beau groupe en bronze doré représentant la sainte Vierge et l'enfant Jésus (têtes et bras sculptés en ivoire), armoire à une porte, meuble étagère, trois rayons garnis d'objets d'art, bronzes, ivoires, bijoux, chinoiseries, etc.

Dans la salle de réception : grands vases porcelaine du Japon.

Il est à remarquer que nous ne donnons ici que l'ameublement prêté par M. Tagini, dont les magasins renommés contiennent tant de merveilles.

Les meubles acquis par le département sont d'une valeur de 53,000 fr. environ.

Le bal cesse sur les 4 heures du matin.

Les immenses approvisionnements des buffets ont disparu.

Aucun des établissements de consommation n'a fermé pendant la nuit, envahis qu'ils sont par ceux qui n'ont pu se procurer un gîte, même à prix d'or.

Le 24 au matin, on placarde une avis émané de la mairie :

Matinée du 24.

Neuf heures et demie, Promenade au Parc, par la rue Chabot-Charny.

Dix heures, Visite à Sainte-Anne, par les rues Saint-Pierre, Victor-Dumay et Sainte-Anne.

Dix heures et demie, Visite à la Salle d'Asile du Nord, par les rues Berbisey et Piron, la Place Saint-Jean, les rues Bossuet, Condé, etc.

Onze heures, Rentrée à la Préfecture.

Dijon, le 23 août 1860.

Le Maire, Th. Vernier.

Et la multitude de se précipiter dans les rues signalées et dans les avenues du Parc. En un instant ses flots pressés envahissent tout, jusqu'aux extrémités du bois ; des compagnies de sapeurs-pompiers prennent soudain les armes et courent, les uns former des haies, les autres suivre les voitures impériales. Aux rayons d'un magnifique soleil, on ne peut se lasser de contempler les Augustes Voyageurs. Quelques gendarmes, seulement, les précèdent de beaucoup pour ouvrir le passage et éviter tout accident. A la suite des voitures de la Cour vient celle de M. le Préfet, où sont Mme la baronne de Bry, Mme de Ste-Suzanne et M. le Maire de Dijon.

Les ovations faites à LL. MM. ne pouvaient pas être plus éclatantes, plus chaleureuses que la veille. Elles sont les mêmes.

A dix heures et demie LL. MM. arrivent à l'hospice des orphelines de Ste-Anne.

La cour d'entrée est simplement décorée d'arbres verts et de vases de fleurs ; la grille est surmontée de deux faisceaux de drapeaux et ornée d'une couronne impériale.

Les pompiers de la commune de Gilly viennent d'eux-mêmes se placer à l'entrée de la cour, et servent ainsi de garde 'd'honneur.

MM. les membres de la Commission administrative attendent à la grille le cortège impérial, et Mgr l'Evêque, qui a daigné se rendre spontanément à l'hospice, se tient à la porte de l'église, accompagné de MM. les vicaires généraux et de M. l'aumônier de la Maison.

LL. MM. sont reçues à la grille d'honneur par MM. les administrateurs, et à la porte de l'église par Monseigneur et le clergé qui l'accompagne.

Arrivées aux prie-Dieu préparés à la porte du sanctuaire, LL. MM. restent agenouillées pendant le chant du *Domine sal-*

vum, et l'on peut admirer, comme à la cathédrale, le recueillement et la piété de l'Empereur et de l'Impératrice.

En se relevant, LL. MM. jettent un coup-d'œil sur le bel autel à
baldaquin dû au ciseau de Dubois, ainsi que sur l'ensemble de
l'église, et en admirent les belles proportions et l'harmonie. Dans
le chœur elles s'arrêtent un instant devant les monuments et les
statues qui rappellent le souvenir de généreux fondateurs.

Les membres de la Commission administrative introduisent LL.
MM. dans l'intérieur de la Maison, où ils leur présentent à l'entrée du cloître Mme la supérieure et toutes les jeunes filles rangées
avec leurs maîtresses sur deux rangs, qui partent de la porte inté-
rieure du chœur jusqu'à l'entrée de la salle de réception.

Au milieu du cloître et quand tout le cortège est développé,
deux jeunes élèves se détachent de leurs compagnes et viennent,
au nom de toutes, offrir à l'Impératrice une corbeilles de fleurs;
l'une d'elles lui adresse un petit compliment que Sa Majesté
daigne écouter avec attention et accueillir avec le plus gracieux
sourire. Elle semble considérer ces enfants avec bonheur et ses
regards bienveillants qui portent la joie dans tous les cœurs, té-
moignent de l'intérêt qu'elle a pour l'enfance et le malheur.
On dirait qu'à leur vue Elle se rappelle la maison du même
genre qu'elle a fondée à Paris.

Arrivées à la salle des patrons, Leurs Majestés jettent un coup
d'œil sur les ouvrages des enfants et considèrent les portraits
des fondateurs, patrons et bienfaiteurs que l'administration,
dans sa généreuse sollicitude, a fait heureusement restaurer
ces années dernières.

Sa Majesté l'Empereur s'entretient avec les membres de la
commission et Mgr l'Evêque, tandis que l'Impératrice, avec un
abandon charmant, s'entretient avec la supérieure jusqu'au moment de son départ.

Il est visible que Leurs Majestés portent le plus grand intérêt
à cet établissement et à tout ce qui le concerne. Elles ne quittent la salle qu'après vingt minutes d'entretiens familiers et
gracieux.

A 11 heures et quelques minutes, LL. MM. entrent, accom-
pagnées de M. le maire, à la salle d'asile du Nord, où les attendent M. le recteur, M. le préfet, Mme la déléguée spéciale,
M. l'inspecteur d'Académie, M. l'inspecteur primaire, MM. les
curés et la dames du Comité de patronage. Une immense accla-

mation enfantine accueille l'entrée de Leurs Majestés dans les salles, dont l'une contient les enfants de l'asile du Midi, et l'autre ceux de l'asile du Nord, au nombre ensemble de plus de trois cents.

Des bouquets sont offerts à l'Impératrice par les plus jeunes des petites filles. S. M., dont on connaît la sollicitude pour les salles d'asile, qui sont toutes placées sous son auguste patronage, s'informe avec le plus vif intérêt de la santé des enfants, se faisant rendre compte des détails les plus circonstanciés sur l'emploi de leur journée, sur leurs exercices et surtout sur leurs récréations.

Après s'être ainsi entretenue avec Mme la déléguée, dont les longs services et le dévouement pour les salles d'asile sont justement appréciés, S. M. adresse aux dames patronesses et à la dame secrétaire du Comité quelques gracieuses paroles.

De son côté, l'Empereur témoigne le même intérêt aux petits enfants de l'asile par les questions bienveillantes adressées à plusieurs dames du Comité.

Les cris de : *Vive l'Empereur ! Vive l'Impératrice ! Vive le Prince impérial !* retentissent à plusieurs reprises dans les rangs des enfants ; et l'un d'eux, associant dans son enthousiasme les noms de ses plus chers bienfaiteurs, s'écrie aussi : *Vive M. le curé !*..... L'Impératrice, qui dans le même instant, s'entretenait avec le digne pasteur de la paroisse, reprend en souriant : « Mais oui, mes enfants, vive M. le curé ! »

Leurs Majestés, en se retirant, insistent de nouveau sur les soins de toute espèce que nécessite la santé des enfants : « Ah ! c'est que, dit l'Impératrice, c'est là ma grande sollicitude. » A la salle d'asile comme partout, LL. MM. laissent les personnes, qui assistent à leur visite, pénétrées des plus vifs sentiments de reconnaissance et de respect.

LL. MM. arrivent au Palais impérial.

Un déjeûner de vingt-cinq couverts est servi :

Hors-d'œuvre.

Deux relevés :
Barbue, pommes de terre bouillies;
Beefstéak aux pommes.
Quatre entrées :

Deux poulets sautés, champignons garnis;
Œufs et croutons;
Ragoût de mouton.
Filets de maquereau à la vénitienne.

Entremets.

Deux rôts ;
Dindonneaux au cresson ;
Soles frites ;
Deux macaronis à l'italienne ;

Deux épinards ;
Deux petites brioches ;
Deux tartelettes aux abricots.

Dessert.

Quatre compotes variées ;
Quatre fours ;
Quatre fruits ;

Quatre assiettes assorties ;
Café.

Avant leur sortie du matin, une table de vingt couverts avait été dressée :

Café ;
Thé ;
Chocolat ;
Crème froide ;

Beurre ;
Petits pains ;
Sucre en morceaux.

Dans cette même matinée, dix déjeuners ont été servis aux officiers ; soixante-quinze cafés au lait et soixante-quinze déjeuners ont été servis aux personnes de la suite de LL. MM.

A une heure et quelques minutes, le bruit du canon et des cloches de toutes les églises annoncent le départ de LL. MM. Le cortège impérial est le même que la veille.

L'Empereur porte toujours l'uniforme de lieutenant général, et l'Impératrice une toilette de ville élégante dans sa simplicité.

M. le général Sencier, commandant la subdivision de la Côte-d'Or, est à cheval, à la droite de la voiture de l'Empereur.

L'empressement des populations est le même, et les acclamations ont une expression de regrets et de vœux qu'inspire ce départ.

Dans la gare sont réunis les différents corps constitués et la Compagnie de sapeurs-pompiers de Dijon, commandés par leur digne lieutenant, M. Lalouette.

A une heure et demie, le train impérial quitte la gare. — La foule, qui s'est portée aux abords du viaduc de l'Arquebuse, se découvre ; elle exprime ses adieux de la voix et du geste. On agite dans les airs les chapeaux, les mouchoirs, les ombrelles.

— L'Empereur et l'Impératrice se montrent et saluent. — L'émotion est profonde, générale, — et le train disparaît avec les

Augustes Voyageurs, alors que les cris de patriotique dévouement se font encore entendre.....

Que Dieu veille sur la France !

L'Empereur et le Peuple qui l'a élu sont dignes de sa protection ! !

S. M. l'Empereur a élevé M. le baron de Bry, préfet de la Côte-d'Or, au rang de préfet de première classe, sans changement de résidence.

S. M. l'Empereur a conféré les décorations suivantes :

La croix d'officier de la Légion-d'Honneur :

A Mgr Rivet, évêque de Dijon ;

A M. Rolland-Debonne, chef d'escadron, commandant la gendarmerie de la Côte-d'Or ;

A M. Munier, commandant du génie à Dijon.

La croix de chevalier :

A MM.

L'abbé Collet, grand-vicaire du diocèse ;

Guillemot, secrétaire général de la préfecture ;

De Combes, directeur des Contribut. directes de la Côte-d'Or ;

Suisse, architecte du département ;

Manuel, président du Tribunal de commerce ;

Chabœuf, adjoint au maire de Dijon ;

Meugniot, constructeur d'instruments agricoles ;

Billiet, professeur de physique à la Faculté des sciences ;

Sédillot, médecin, vice-président du Conseil hygiénique et de salubrité ;

Mariotte, maire de Châtillon-sur-Seine ;

Mairet, maire de Sombernon, vice-présid. du Conseil gén. ;

Phal-Blando, architecte, capitaine de la Compagnie de sapeurs-pompiers d'Auxonne ;

De Percy, receveur particulier des finances, et capitaine de la Compagnie de sapeurs-pompiers de Semur.

La médaille militaire :

A MM. :

Jean-Baptiste Vienne, brigadier de gendarmerie à pied, à Dijon ;

Dubois, brigadier à cheval, à Précy-sous-Thil ;

Criton, sergent de recrutement, qui a reçu sa médaille de la main même de l'Empereur.

On dit qu'après avoir conféré avec M. le préfet des croix à distribuer, l'Empereur a ajouté qu'ayant été frappé de la bonne tenue des compagnies de pompiers du département et touché de l'empressement qu'elles avaient mis à se rendre à Dijon, il voulait leur en témoigner sa satisfaction en décorant deux des officiers les plus méritants. — Il a alors chargé M. le préfet de lui faire un rapport, ensuite duquel M. Phal-Blando, capitaine de la compagnie d'Auxonne, et M. de Percy, capitaine de celle de Semur, ont reçu la décoration ; et l'Empereur a insisté pour qu'il soit bien compris que c'était comme commandants de pompiers que ces messieurs recevaient cette flatteuse distinction.

Sa Majesté a fait remettre à M. le préfet une somme de 10 mille francs pour être distribuée aux médaillés de Saint-Hélène dont les demandes auront été jugées dignes d'être prises en considération.

L'Empereur a accordé au 53e régiment de ligne en garnison à Besançon, et venu à Dijon pour le passage de LL. MM., deux croix de chevalier de la Légion-d'Honneur et quatre médailles militaires.

Mairie de Dijon.

Habitants de Dijon ,

L'Empereur et l'Impératrice, en quittant notre ville, m'ont spécialement chargé de vous exprimer combien ils ont été touchés de l'accueil qui leur a été fait à Dijon. Nous avons montré, une fois de plus, que nous savions être reconnaissants des immenses services rendus à la France par le Souverain que les suffrages du pays ont trois fois acclamé. — La reconnaissance va bien à tous les caractères; elle ajoute, croyez-le bien, un heureux trait de plus à cet esprit bourguignon dont on vante à bon droit la perspicacité et l'indépendance, et nos hommages seraient arrivés moins sûrement à leur adresse s'ils avaient été moins intelligents et moins spontanés.

Vous permettrez maintenant à votre maire de vous remercier de l'ordre qui n'a pas cessé de régner, et que notre respect pour les augustes hôtes de la ville a suffi à maintenir.

Les 23 et 24 août marqueront dans l'histoire de notre ville. Ces dates, fixées désormais dans les souvenirs de l'Empereur et de l'Impératrice, seront, j'en ai l'assurance, bientôt écrites dans les faits qui se préparent pour donner satisfaction au plus grand intérêt de notre belle contrée.

Vive l'Empereur ! vive l'Impératrice ! vive le Prince impérial !

Dijon, le 24 août 1860.   *Le Maire,* Th. Vernier.

La note suivante a été communiquée le 28 août aux journaux de la ville :

« Les fournisseurs n'ayant pu, à raison de la grande affluence d'étrangers que les fêtes offertes par la ville à LL. MM. l'Empereur et l'Impératrice avaient attirés à Dijon, effectuer le 23 août les livraisons qui leur avaient été demandées pour les secours à distribuer aux indigents, ces secours leur seront distribués demain mercredi 29 août, par les soins de mesdames les sœurs de charité des différentes paroisses de cette ville. »

Le passage de LL. MM. II. à Djon aura eu, entre autres avantages pour notre ville, celui d'avancer la solution, si impatiemment attendue par les populations de la Côte-d'Or et de la Haute-Marne, de la question du chemin de fer de Langres.

S. M. l'Empereur dont la sollicitude s'étend à tous les intérêts, a écouté avec une extrême bienveillance les vœux que lui ont présentés à ce sujet les autorités et les représentants du commerce dijonnais, et il a bien voulu à son départ, au moment même où il allait quitter la cité dijonnaise, annoncer à M. le Maire et à M. de Francqueville, directeur général des ponts et chaussées, que la construction de cet embranchement tant désiré était une affaire décidée.

Cette bonne nouvelle ne pourra qu'ajouter, si cela est possible, à la reconnaissance de nos départements pour le gouvernement de l'Empereur.

FIN.

ENTRÉE DE LOUIS XIV A DIJON. — 1683.

On a beaucoup parlé ces temps-ci du passage de Louis XIV à Dijon en 1683 ; nous devons à l'obligeance de M. Garnier, archiviste de la ville, la note suivante, extraite du *Registre des délibérations de la Chambre de ville.*
Les détails qu'elle contient offrent plus d'un curieux rapprochement.
Au mois de juin 1683, la formation d'un camp de cavalerie sur la Saône, placé sous le commandement de M. le Dauphin, donna lieu à un voyage de la Cour en Bourgogne, voyage dont Louis XIV profita pour visiter la Franche-Comté et l'Alsace, provinces conquises par ses armes, et que les traités de Nimègue et de Westphalie avaient définitivement réunis à la France.

Le 5 juin 1683, la Chambre, avertie de l'arrivée du Roy, ordonne à tous les habitants d'illuminer devant chez eux.

Délibère que l'on ira ce soir en habits d'honneur présenter du vin en cimaises au Roy, à la Reine, douze douzaines de boîtes de confitures, et trois douzaines de bouteilles de limonade ; de même au Dauphin qu'au Roy, ou huit douzaines de bouteilles de vin ; au duc d'Orléans dix-huit cimaises, à la duchesse huit douzaines de boîtes de confitures et deux douzaines de bouteilles de limo-

nade; à M. le duc de Bourbon, douze cimaises; au prince de
Conty, douze cimaises; à la princesse, six douzaines de boîtes de
confitures et deux douzaines de boîtes de limonade; au prince de
la Roche-sur-Yon, douze cimaises; idem au duc de Vermandois;
idem au duc de Maine et à mademoiselle de Nantes six douzaines
de boîtes de confitures et deux douzaines de boîtes de limonade.

La Chambre, en habits d'honneur, s'est rendue à la porte Guillaume, où M. le Duc est venu les rejoindre avec sa suite, et on a
attendu le carosse du Roy, qui est arrivé à cinq heures. S'étant
arrêté, le duc a présenté au Roi Messieurs de la Chambre, qui
étoient à genoux, le Maire présentant les clefs de la ville dans un
sacq de velours rouge. Le Roy, d'un visage riant, ayant levé le
chapeau et fait grand accueil à S. A., a dit : *Voilà qui est bien!* et
le carosse est entré dans la ville, dont les rues sans apprêts étaient
seulement sablées jusqu'au Logis du Roy. Pour y arriver, le Roy
et la Cour ont passé rue Guillaume, au Coin-du-Miroir, place
Saint-Jean, rues Poullaillerie, Charrue, place des Cordeliers, rues
derrière la Magdeleine, des jésuites, Saint-Etienne, la rue de
M. de Lantin, et au Logis-du-Roy, où étoient les Cours, que le
Roy n'a pas entendu ce jour là.

A dix heures du soir, Messieurs se sont rendus en robes vio-
lettes au Logis-du-Roy. S. M., avertie qu'ils venoient lui présenter
du vin et des confitures, les a fait entrer dans la chambre de S. A.,
où elle loge, et s'étant avancée de deux ou trois pas, elle a reçu
d'un visage riant la soumission de M. le Maire.

La Reine, avertie que Messieurs lui vouloient faire un présent,
s'est avancée suivie des dames de la cour, et le Maire ayant fait
une génuflexion, elle a dit : *Voilà un beau présent!* et a témoigné
beaucoup de joie. Ensuite à Monseigneur le Dauphin. Et le lendemain, chez l'abbé Fyot, à M. et Mme d'Orléans; chez M. de Thieu-
lans, à M. le duc; chez le prévot Boyer, à Mme de Conty, M. de
Conty n'étant pas arrivé; chez M. Gagne, à M. de la Roche-sur-
Yon; chez Mme la présidente d'Esbarres, à MM. de Vermandois,
du Maine, et Mlle de Nantes avec Mme de Montespan.

Toute la cour a été satisfaite des présents et des logements qui
ont été trouvés bien meublés; le lendemain le Roy partit pour le
camp de Seurre.

Se vend au bureau de l'UNION BOURGUIGNONNE.

Dijon, imp. J.-E. Rabutôt, place Saint-Jean, 1 et 3.

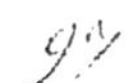

www.ingramcontent.com/pod-product-compliance
Lightning Source LLC
Chambersburg PA
CBHW061335060726
47596CB00003B/1266